역사 공부가 즐거워지는
역사일기 쓰기

1판 1쇄 발행 ｜ 2011. 7. 28.
1판 3쇄 발행 ｜ 2013. 8. 26.

김동찬·최윤선 글 ｜ 채원경 그림

발행처 김영사 ｜ 발행인 박은주 ｜ 편집인 박숙정
편집장 전지운 ｜ 편집 고영완 문자영 김지아 박은희 김보민
책임편집 김효성 ｜ 책임디자인 전성연
디자인 김순수 김민혜 이설아 윤소라 고윤이
만화연구소 김준영 김재윤
미디어기획부 박준기 김학민
전략기획실 이소영 이은경 강미선
마케팅부 이희영 이재균 김형준 박진옥 정민영 양봉호 강점원 이지현 정소담
제작부 안해룡 박상현 김일환 김수연
사진제공 시몽포토에이전시
등록번호 제 406-2003-036호 ｜ 등록일자 1979. 5. 17.
주소 경기도 파주시 문발동 파주출판단지 515-1 (우 413-756)
전화 마케팅부 031-955-3102 편집부 031-955-3113-20 ｜ 팩스 031-955-3111

값은 표지에 있습니다.
ISBN 978-89-349-5350-0   63910

좋은 독자가 좋은 책을 만듭니다. 김영사는 독자 여러분의 의견에 항상 귀 기울이고 있습니다.
독자의견전화 031-955-3112 ｜ 전자우편 book@gimmyoung.com
홈페이지 www.gimmyoungjr.com ｜ 어린이들의 책놀이터 cafe.naver.com/gimmyoungjr

역사 공부가
즐거워지는

역사일기 쓰기

김동찬·최윤선 글 | 채원경 그림

주니어김영사

역사일기 쓰기로
역사와 친구해요!

    우리 반 아이들이 가장 좋아하는 시간은 사회 시간이에요. 왜냐하면 요즘 역사를 배우기 때문이지요. 역사가 체육을 제치고 1등으로 올라섰어요. 수학이나 영어는 언제나 순위권 밖이고요. 초등학교에 들어오기 전부터 배웠던 과목이라 모두 익숙하기는 해도 재미는 없는 모양이에요. 하지만 이제 막 공부를 시작한 역사는 단연 아이들에게 인기가 높아요. 새롭기 때문에 그런 것만은 아닌 것 같아요. 역사에는 사람들의 마음을 사로잡는 매력이 있어요. 바로 사람들의 이야기이기 때문이지요. 그래서 나는 우리 반 아이들에게 역사일기를 쓰자고 제안했어요.

    '일기 쓰기도 쉽지 않은 일인데 역사를 가지고 일기를 쓸 수 있을까?'

    아이들은 이런 생각을 했지요. 하지만 '천 리 길도 한 걸음부터'

라는 생각을 심어 주며 역사일기에 대해서 하나씩 소개하자, 아이들은 차곡차곡 일기를 써 나가기 시작했어요. 처음에는 낯설고 어렵게만 여겨졌던 역사일기 쓰기가 아이들의 생활에 점차 자리 잡아가자 더 이상 겁내지 않았어요. 겁이라니요, 오히려 신이 나서 생활일기 쓰기보다 더 열심히 쓰는 아이들이 생겨나기 시작했지요. 하지만 이 과정이 쉬운 일만은 아니었어요. 역사일기는 역사를 배경으로 쓰는 것이다 보니 사실을 바탕으로 하지 않고 마음대로 상상만 해서는 바른 일기가 나오지 않거든요. 그렇기 때문에 여러 번 생각하고 고치면서 또 생각하게 되죠. 그 과정 속에서 자연스럽게 역사 공부가 되는 거예요.

역사가 단지 앞으로의 시험 과목이고 외울 것이 잔뜩 담긴 암기 과목이라고 생각하는 순간 인기도는 떨어질 거예요. 하지만 역사를 공부하면서 그 속에서 나의 이야기를 찾고, 나의 부모님, 할아버지 할머니의 추억과 마주하는 순간 역사는 내 것이 될 거예요. 또 역사를 통해 우리나라의 미래를 만나 볼 수도 있지요. 이 모든 걸 역사일기 쓰기가 도와 줄 거예요.

역사와 친한 친구가 되고 싶은 어린이들, 이제 신 나는 역사일기 쓰기를 시작해 보세요!

김동찬, 최윤선

3장
역사일기 속 산책하기

4장
역사 일기 속 탐험하기

부록
역사일기 쓰기 참고자료

1장

역사일기의
문 앞에 서기

1. 역사는 왜 배워야 할까요?

"은호야, 컴퓨터 그만하고 책 좀 읽어라. 책 읽어서 남 주니?"

은호는 학교에서 돌아와 학교 숙제며 학원 숙제까지 모두 해 놓고 모처럼 컴퓨터 앞에 앉았어요. 그러나 오늘도 어김없이 엄마의 잔소리가 이어졌어요.

"엄마, 또 이런 책 사 왔어? 난 만화가 많이 그려진 책이 좋다니까!"

은호가 짐짓 짜증 섞인 말투로 엄마에게 대답했어요. 만화 핑계를 대긴 했지만 사실은 엄마가 사 온 책 내용이 마음에 들지 않았어요. 표지에 우리나라 역사 어쩌고저쩌고 적혀 있는 것이 은호가 싫어하는 역사책이 분명했거든요.

여러분도 은호와 비슷한 경험이 있나요? 부모님은 역사를 잘 알아야 한다며 이런저런 역사책을 사 주고, 선생님은 훌륭한 역사책을 놔 두고 만화로 된 책만 본다며 야단을 칠 때가 있어요.

　도대체 왜들 이렇게 역사, 역사 하면서 역사책을 읽으라고 권할까요? 혹시 그 까닭을 곰곰이 생각해 본 적이 있나요? 아직까지 그런 생각을 한 적이 없다면 《역사일기 쓰기》를 읽는 동안 함께 생각해 보도록 해요. 정말 역사가 그렇게 중요하고 유익한 것이라면, 역사에 관심을 갖지 않는 것은 큰 손해니까요.

　그렇다면 먼저 역사가 무엇인지 알아볼까요? 개인의 생활이 담겨 있는 일기를 생각해 보면 역사의 뜻을 이해하기가 쉬워요. 하루를 돌아보며 그날 있었던 일을 담는 일기는 개인의 역사예요. 즐거웠던 일뿐 아니라 속상했거나 고생스러웠던 일이 있었다면

그날의 좋은 일기거리가 되지요. 하지만 일기를 쓸 때 그날에 있었던 모든 일을 쓰지는 않아요. 스스로 생각했을 때 중요한 일, 기억에 남는 일, 어른이 되어서도 기억하고 싶은 일 등을 적어 두는 것이죠.

한 나라의 역사도 이와 마찬가지예요. 역사책에는 과거에 있었던 사건이나 사실이 담겨 있어요. 하지만 모든 일들이 담겨 있는 것은 아니에요. 역사를 기록한 역사가가 생각하기에 중요한 일, 후대에도 알아야 한다고 생각하는 사건들만 쓰여 있거든요. 그렇게 보면 역사란 과거의 사건이나 사실을 기록한 것일 뿐 아니라 역사가의 기록이라고도 말할 수 있어요. 좀 어려운가요?

그러면 역사를 왜 배워야 하는지 생각해 보도록 해요. '교과서에 나와 있으니까.' '선생님이 중요하다고 하니까.' '시험을 잘 치고 원하는 학교에 들어가기 위해……' 이런 이유들은 역사를 배우는 근본적인 이유가 아니에요. 이런 마음으로 역사를 공부하면 역사는 '외울 것만 많고 이해할 수 없는 단어로 가득 찬 지겨운 것'이 될 거예요.

현재와 미래의 삶을 발전시킬 수 있어요

역사를 왜 배워야 하는지, 한 가지 예를 들어 설명할게요. 다들 알다시피 현재 우리나라는 세계에서 마지막 남은 분단국가에요. 뉴스에서는 북한에 대한 이야기가 하루가 멀다 하고 나오고 있어요. 왜 그럴까요? 그건 북한이 우리나라 정치와 국방에 매우 큰 영향을 미치고 있기 때문이지요.

우리나라는 불과 60년 전 남과 북으로 갈려 따로 국가 체제를 잡았어요. 1945년 8월 15일, 우리나라는 일본으로부터 독립했지만 남한에는 미국이, 북한에는 소련이 들어와 신탁 통치를 하면서부터 남과 북이 각각 독립된 정부를 세우게 된 것이죠. 결국에는 우리 민족끼리 전쟁까지 하게 되었지요. 여러분의 부모님이 태어나기도 전인 60여 년 전에 벌어진 '신탁 통치'*와 '6·25전쟁'이라는 큰 사건에 우리나라는 아직까지 영향을 받고 있는 거죠.

지금에서야 많은 사람들은 이렇게 이야기를 해요. "아, 그때 남북의 지도자들이 조금씩 양보하고 하나의 정부를 세우기만 했어도 서로를 죽이는 전쟁이 없었을 텐데. 그랬다면 남과 북이 갈리지 않고 세계적인 대국이 되어 함께 잘 살고 있을 텐데."라고 말이에요.

*신탁 통치 : 국제 연합의 위임을 받은 나라가 스스로 통치하지 못하는 나라를 대신 다스리는 특수 통치 제도.

이렇듯 역사속의 사건을 통해 교훈을 얻으면 현재와 미래의 삶을 발전시킬 수 있어요. 현명한 사람은 같은 잘못을 되풀이하지 않는 법이에요. 사람은 한 번 잘못한 일을 마음에 새겨 두고 되풀이하지 않으려 노력하고, 한 나라는 과거의 잘못을 역사 기록을 통해 발견하고 기억해 두죠. 잘못을 통해 교훈을 얻고 잘한 일은 그대로 배워서 실천하면 시간의 낭비 없이 유익을 얻을 수 있어요.

역사를 통해 나와 우리나라를 사랑할 수 있어요

여러분은 스스로를 자랑스러워하고 사랑하나요? 어쩌다 손가락에 상처가 생겼을 때 자신이 무엇을 했는지 생각해 봐요. 아무런 조치도 없이 아무렇지 않게 하던 일을 계속했나요? 아마도 그런 친구는 거의 없을 거예요. 상처가 심하지 않더라도 얼른 선생님께 말씀 드리고 보건실로 달려갈 거예요. 집에 있다면 약을 찾아 소독하고 반창고를 붙일 거예요. 작은 치료에 불과하지만 이것은 여러분이 자신을 소중하게 여기고 사랑하고 있다는 증거라고 할 수 있어요.

여러분은 자신이 누구인지, 얼마나 사랑받는 존재인지 잘 알기 때문에 스스로를 사랑하는 거예요. 나를 잘 알아야 나를 더 사랑할 수 있는 것처럼, 한 나라가 어떤 나라인가, 얼마나 위대하고 고귀한 나라인가를 알아야 그 나라를 더 사랑할 수 있어요.

나라를 아는 방법이 바로 역사를 공부하는 것이에요. 우리는 한 나라에 속한 한 사람이므로 우리나라를 사랑하는 것은 결국 나를 사랑하는 것이기도 해요.

역사 공부를 통해 우리나라를 더 사랑하게 되면, 우리나라 국민으로 살아가고 있는 내 자신이 더욱 자랑스럽고 더욱 사랑스러운 존재로 거듭나는 것이지요.

역사를 통해 사회를 보는 눈을 키울 수 있어요

역사는 수많은 사람들이 만들어 가는 이야기예요. 여러분도 텔레비전의 사극을 보면서 시간 가는 줄 모르고 내용에 빠져든 경험이 한 번쯤 있을 거예요. 지금 셀 수 없이 많은 사람들이 발을 딛고 사는 땅 위에는 수십 년 전, 수백 년 전, 수천 년 전에도 사람들이 살고 있었어요. 과거의 사람들도 사회를 이루며 지금과 똑같은 감정을 느끼며 살았어요. 웃고 화내고, 서로 사랑하고 미워하고, 싸우고 또 화해하고, 잘못을 저질렀을 때는 마음 졸이는 감정들이 요즘 사람들과 마찬가지라는 거지요. 그래서 지금과 전혀 다른 옷을 입고 조금 다른 말투를 쓰는 사극 속의 사람들을 보면서 웃고 울며 그 사람들의 삶을 공감할 수 있는 거예요.

지금 시대를 사는 여러분은 내가 살고 있는 이 사회가 어떻게 발전할 것인지, 현재 벌어지는 일들이 미래에 어떤 결과를 만들어 낼지 예측하기가 쉽지 않을 거예요.

하지만 역사를 공부하다 보면 과거의 사건이 현재의 상황과 비슷하다는 것을 발견할 수 있답니다. 왜냐하면 모든 사건 속에는 사람들의 행동과 결정이 반영되는데, 사람의 속성이란 과거나 현재나 거의 변함이 없기 때문이지요.

지난 역사를 보면서 우리는 '사람들은 이렇게 생각하고 행동하

는구나.', '사람들이 모여 살아가는 사회에서 벌어진 이런 사건은 이런 결과를 만들어 내는구나.' 하는 것을 배우게 되죠. 결국 이 것은 사회와 사람을 이해하는 눈을 키우게 된다는 뜻이에요.

역사를 공부한다면서 시험을 대비해 중요한 사건을 외우기만 한다면 그것은 참 역사 공부가 아니에요. 사극을 보면서도 그 당 시 사람들이 살아가면서 느꼈던 고민을 함께 느끼고, 그 당시 사 회가 가진 문제를 깊이 생각한다면 역사 속에 빠져들어 갈 수 있 답니다.

그렇게 역사를 제대로 배운 사람은 사회를 보는 눈과 사람을 이해하는 눈이 성장해 마음이 넓고 이해심이 깊은 사람이 될 거 예요.

ㄹ. 역사로 일기를 쓸 수 있다고요?

　여러분은 일기 쓰기를 좋아하나요? 아니면 일기 쓰는 것을 자꾸 잊어버리거나 선생님과 부모님이 시켜서 억지로 쓰고 있나요? 한 중학생 친구에게 중학생이 되어서 가장 좋은 점이 뭐냐고 물어 보니 '일기를 쓰지 않아도 된다는 것'이라고 하더군요. 아마 그 친구는 초등학교에 다니는 동안 일기 쓰기에 대한 부담을 많이 가지고 있었나 봐요. 혹시 여러분도 일기를 검사받지 않는 중·고등학생들이 부러운가요? 일기를 쓰지 않으면 좋겠다는 생각이 마구 드나요?

　만일 그렇다면 이제부터 알려 주는 일기 쓰기의 유익한 점을 주의 깊게 읽어 보세요. 일기 쓰기에 대한 생각이 달라질 거예요. 사람으로 살아가는 데 필요한 가장 기본적이고 중요한 것을 배우는 초등학교에서 왜 일기 쓰기를 강조하는지 저절로 이해가 될 테니까요.

먼저 일기가 무엇인지 잠깐 알아보도록 해요. 일기(日記), 한자로 풀이하면 매일(日)의 기록(記)이예요. 하지만 매일 기록한다고 해서 모두 일기라고 부르지는 않아요. 과학자들도 관찰 결과를 매일 기록하기도 하고, 어떤 심리학자는 한 사람을 몇 년간 하루도 빠짐없이 관찰해서 중요한 이론을 만들어 냈지만 그런 기록들을 일기라고 부르지는 않지요. 일기가 되려면 개인적이고 비밀스러운 자기만의 이야기가 담겨야 해요. 앞에서 말한 과학자나 심리학자는 연구하려는 특정한 목적이 있어서 기록한 것들을 다른 사람에게 공개하지만, 일기는 공개하지 않아도 되는 아주 개인적인 것이랍니다.

조선 시대 정원용이라는 선비가 71년 동안 쓴 경산일록(經山日錄)이라는 일기는 '세계에서 가장 오랜 기간 쓴 일기'로 전해지고 있어요. 초등학생들만 일기를 쓰는 줄 알았는데 어른들도 이렇게

일기를 오래도록 쓴다는 것이 믿겨지지 않는다고요? 그럼 도대체 사람들은 무엇 때문에 일기를 쓰고, 학교에서 선생님들은 무엇 때문에 일기 쓰기를 강조하는 것일까요? 그 이유를 몇 가지 살펴 보도록 해요.

일기를 쓰면 생각하는 힘을 기를 수 있어요

글이라는 것은 글자만 안다고 해서 쓸 수 있는 것이 아니에요. 머릿속에서 생각한 것을 글자로 풀어 쓴 것이 바로 글이지요. 대 충 쓴 글에는 생각의 흔적을 찾아보기가 힘들어요. 일기 쓰기가 귀찮고, 생각하기도 싫어서 몇 분도 안 되어 후딱 쓸 수도 있어 요. 하지만 그렇게 쓴 일기를 다시 읽어 보면 그날 있었던 몇 개 의 사실만 쓰여 있는 경우가 대부분일 거예요.

제대로 쓴 일기에는 생각의 흔적이 녹아 있어요. 경험한 사실 뿐 아니라 왜 그런 일이 생겨났는지, 그때 나는 무슨 생각이 들었 으며 무슨 이야기를 했는지, 다른 사람들은 무엇을 하고 있었는 지 등등 관찰하고 분석하고 상상한 것들로 일기장이 채워져 있 죠. 이러한 생각의 흔적들은 생각하는 힘을 키워 줘요. 근육 을 많이 사용하면 근육이 커지고 강해지는 것처럼 생각을 많이 하면 할수록 생각하는 힘이 커져요. 일기 쓰기야말로 나의 생각 을 더 깊고 더 넓게 만들 수 있는 가장 좋은 방법이랍니다.

일기를 쓰면 인격이 계발돼요

인격이란, 쉽게 표현하면 사람의 됨됨이라고 할 수 있어요. 성숙한 인격을 가진 사람은 많은 사람들로부터 존경받고 가까이하고 싶은 사람이지요. 반면에 인격이 낮은 사람은 자기의 욕심을 위해 다른 사람을 이용하기도 하고, 이기적인 행동을 많이 해서 주변 사람들이 피하는 사람이지요. 여러분은 어떤 사람이 되길 원하나요? 물론 성숙한 인격을 가진 사람이겠죠?

일기는 인격을 계발하는 데 큰 도움이 돼요. 일기를 쓰면서 자신의 지난 행동을 반성할 수 있거든요. 일기를 쓰며 매일 자신의 행동을 돌아보고 해야 할 것과 하지 말아야 할 것을 생각하는 사람과 그렇지 않은 사람의 인격은 시간이 지날수록 큰 차이가 날 거예요.

또한 일기를 쓰기 위해 다른 사람들과 주변에서 벌어진 사건을 관찰하기도 하고 책을 읽거나 공부를 하기도 하는데, 이런 것들을 통해서도 여러 교훈을 얻게 되지요. 무엇이 옳은 행동인지, 어떻게 사는 것이 바르게 사는 것인지, 우리의 가치관을 바로 세우는 일도 일기 쓰기를 통해 가능하답니다.

일기로 자기 생각을 잘 표현할 수 있어요

내가 어떤 사람인지를 알리는 방법은 여러 가지가 있어요. 노래나 춤, 악기 연주 등 잘하는 특기로 자신을 나타낼 수 있고, 멋진 머리모양과 예쁜 옷으로 자신을 뽐낼 수도 있고요. 하지만 이렇게 겉으로 드러나는 것만으로는 정말 내가 어떤 사람인지를 알릴 수 없어요. 왜냐하면 겉모양으로는 '내가 어떤 생각을 하는 사람인가'가 잘 드러나지 않지만, 내가 가진 생각은 나를 가장 잘 나타내는 것이기 때문이죠.

일기를 쓰면 좋은 점은 자신의 생각을 잘 표현할 수 있게 된다는 것이에요. 여러분이 친구를 사귈 때 어떤 점을 중요시하는지 생각해 봐요. 키가 커야 한다, 발표를 잘 해야 한다, 용돈을 많이 받아야 한다는 등의 어떤 조건을 걸고서 친구를 사귀는 사람은 없을 거예요. 여러분들은 주로 친구가 평소에 하는 말과 행동을 보고 마음에 들면 말도 걸고 집에 초대도 하면서 자연스럽게 그 친구와 친해지지요. 그때 내가 호감을 느낀 친구의 말과 행동이 바로 친구가 자신의 생각을 표현한 방식이랍니다.

많은 친구들이 자기의 생각을 친구들이나 어른들에게 잘 나타내지 못하는 이유는 생각을 하지 않고 살아서가 아니라 자기의 생각을 잘 나타내는 훈련과 노력이 부족하기 때문이에요. 무엇인가를 잘하기 위해서는 반복과 훈련이 꼭 필요해요. 프로 야구 선수나 초등학교 야구부 선수가 똑같이 하는 훈련이 있는데, 그것은 바로 공을 주고받는 캐치볼이에요. 프로 야구 선수들도 초등

학생 때부터 반복적으로 공을 주고받는 훈련을 했기 때문에 지금
처럼 야구를 잘하는 선수가 된 거예요.

일기도 마찬가지예요. 일기를 쓰면서 자신의 생각을 나타내는
훈련을 반복적으로 한다면, 자기 생각을 잘 나타내는 프로가 될
수 있을 거예요.

일기는 자신만의 소중한 역사예요

역사는 기록하는 사람만이 가질 수 있는 특권이에요. 원시 시
대와 역사 시대를 구분하는 기준이 바로 기록이에요. 기록을 하
면서부터 비로소 원시 시대에서 벗어나 역사 시대로 불렸어요. 일
기를 쓰지 않는 사람들은 자신의 삶의 기록이 없는 원시인이나
마찬가지예요. 반면 일기를 쓰는 사람은
자기만의 역사를 가진 사람이에요.
그 시대의 역사를 후세의 사람들
이 책으로 읽게 되듯이 여러
분 자신의 역사도 언젠가
읽히게 될지 몰라요.

《안네의 일기》라는 책을
읽어 봤나요?

안네는 네덜란드에서 살고

있던 유대인이었는데, 독일 나치를 피해 숨어 살면서 일기를 썼어요. 그러다 결국 나치에게 발각되어 16세의 나이에 죽고 말지요. 하지만 안네가 쓴 일기를 통해서 전 세계 사람들은 나치의 잔인함과 죽음으로부터 숨어 살던 한 인간의 마음을 절실하게 이해할 수 있었어요. 안네는 자기만의 기록으로 일기를 썼지만 그 일기는 후세에 꼭 필요한 역사가 되었답니다.

여러분의 일기도 안네의 일기만큼 유명해지지 않으리라는 법은 없겠죠? 비록 나의 일기가 다른 사람에게는 쓸모없는 기록이 될지라도 자기 자신에게는 무엇과도 바꿀 수 없는 소중한 추억과 보물이 된다는 것을 잊지 마세요!

자전거 타기에서 배우는 교훈

여러분이 자전거를 처음 배웠을 때를 생각해 봐요. 처음부터 잘 탄 친구는 없었죠? 처음에는 여러 번 넘어지며 무릎도 까지고 배웠을 거예요. 그러다 뒤에서 붙잡아 주지도 않았는데 혼자 힘으로 앞으로 나갔을 때의 기쁨을 느끼게 되죠. 그 상쾌함과 성취감은 맛 본 사람만 알 수 있어요. 자전거 타는 것은 처음이 힘들지만 한번 재미를 붙이면 자전거를 타기 위해 매일 밖으로 나가고 싶을 거예요. 일기 쓰기도 마찬가지예요. 일기를 쓰려면 생각을 해야 하고 시간을 내야 하는 어려움과 연필을 쥐고 쓰는 고통이 있어요. 하지만 이것을 인내로 이겨내면 앞에서 말한 일기 쓰기의 좋은 점을 적어도 하나는 얻을 거예요. 잊지 마세요. 어떤 것도 고통 없이 얻는 유익은 없다는 것을요!

3. 역사일기를 쓰면 어떤 점이 좋을까요?

앞에서 역사를 배우는 이유와 일기 쓰기가 주는 좋은 점이 얼마나 많은가를 살펴봤어요. 이쯤에서 꼭 생각해 볼 것이 있어요. 그렇다면 역사 공부와 일기 쓰기의 좋은 점을 한 번에 가질 수는 없을까요? 딩동댕! 있답니다. 바로 역사일기를 쓰는 것이지요.

역사를 소재로 해서 일기를 써 본 경험이 있나요? 그림일기, 수학일기, 독후일기는 들어 봤지만 역사일기는 처음 들어 본다고요? 그래서 이제부터 역사일기에 대해 소개할게요.

역사일기란, 간단하게 말하면 역사를 일기의 글감으로 삼는 일기예요. 수업 시간에 역사를 배운 뒤에, 역사책을 읽은 뒤에, 텔레비전을 통해 사극을 보거나 역사와 관련된 다큐멘터리 등을 본 뒤에, 어른들로부터 지난 과거의 역사를 들은 뒤에 쓸 수 있어요. 역사를 글감으로 하면서 어떤 형식으로든지 자유롭게 쓸 수 있어요. 그럼 이제 우리가 역사일기를 꾸준히 쓴다면 어떤 유익한 점이 있는지 하나하나 살펴보도록 해요.

역사를 생생하게 배울 수 있어요

사회책에 단 한 줄로 나온 역사일지라도 그 한 줄은 많은 이야기를 담고 있어요. 5학년 사회 교과서에는 이렇게 나와 있어요.

"몽골이 다시 쳐들어왔으나 처인성에서 크게 패하고 물러갔으며, 세 번째 침략 때에도 죽주성에서 패하여 물러갔다."

고려에 몽골이 침입해 오자 고려의 군사와 백성들이 힘을 모아 처인성과 죽주성에서 몽골군을 물리친 내용을 말하는 것이지요. 하지만 적은 수의 고려의 군사로 수만 명의 몽골군을 어떻게 물리칠 수 있었는지, 몽골군은 전쟁에서 크게 패한 뒤 어떤 변화를 겪게 되는지 교과서만 읽고는 자세히 알 수가 없어요. 하지만 역사 일기를 쓰게 되면 더 많은 자료를 찾아보거나 상상을 통해 그 역사의 현장으로 갈 수 있어요.

역사적 현장에 내가 있다고 상상하며, 역사적 인물이 하는 말과 행동을 지켜볼 수도 있고, 내가 역사적 인물이 되어 그 당시에 무슨 말을 하고 어떤 생각을 했을지 짐작해 볼 수 있어요. 앞으로 소개할 다양한 방법으로 역사일기를 쓴다면 사회책을 읽으면서 역사를 공부했던 것과는 다른 차원의 세계에 들어서게 돼요. 생생하게 살아 있는 역사가 바로 내 것이 되는 거예요.

자연스럽게 역사 공부를 할 수 있어요

학교 시험이 코앞에 닥치면 어떤 친구는 늦게까지 학원에서 수업을 듣고, 쉬는 시간에도 쉬지 않고 문제집을 풀면서 공부를 해요. 반면에 어떤 친구는 시험을 앞두고도 열심히 공부하는 것 같지가 않아요. 그런데도 시험 성적은 나쁘지 않고 오히려 닥쳐서 열심히 공부한 친구보다 더 좋은 성적을 거두는 경우가 있어요. 두 친구의 차이가 무엇일까요? 바로 '평소 수업 시간에 충실하게 공부하는 것'과 '평소에 집중하지 않고 건성으로 수업에 참여하는 것'의 차이일 거예요. 수업에 소홀했던 친구는 시험이 닥치면

불안한 마음에 이것저것 문제집도 풀고 늦게까지 공부하지만 평소에 충실한 공부로 기본을 쌓아 둔 친구는 여유가 있는 거지요. 그러니 평소에 스스로 공부하는 것이야말로 자연스러운 공부라고 할 수 있어요.

역사 공부도 마찬가지예요. 역사를 공부한다는 목적으로 억지로 여러 책을 읽고, 시험 기간이 되어서야 사회책을 붙잡고 외우는 일에 몰두한다면 자연스럽게 공부하는 것이 아니에요. 물론 힘도 많이 들고요. 역사가 머릿속에 들어오지 않고 기억이 날듯 말듯 하면서 내 것처럼 여겨지지 않는 이유는 역사가 자연스럽게 내 것이 되지 않았기 때문이지요. 하지만 평소에 역사일기를 쓴다면 역사가 자연스럽게 내 것이 될 수 있어요. 믿기지 않는다고요? 역사일기를 쓰면서 역사적 장면을 상상하고, 벌어진 사건이 어떤 의미가 있는지 고민하고, 역사적 인물과의 대화를 시도한다면 고민한 만큼 역사는 내게 다가와요. 이렇게 쓴 역사일기가 하루, 이틀, 일 년, 이 년 동안 쌓인다면, 어느 날 문득 역사 박사가 되어 있는 자신을 발견할 수 있을 거예요.

일기 쓰기가 재미있어져요

이제까지 일기 쓰기가 너무 힘들었다고요? 그래요, 일기 쓰기가 쉽다고는 말할 수 없어요. 앞에서 설명한 일기 쓰기의 유익을 얻으려면 내가 많은 시간과 노력을 투자하고 인내해야 해요. 하지만 일기 쓰기가 이렇게 힘든 것이 된다면 아무리 일기 쓰기의 유익이 많다고 해도 포기하고 싶을 거예요. 힘들지만 재미가 있어야 어려움도 참아 낼 힘을 얻는 거지요.

역사일기를 쓰는 방법은 아주 다양해요. 게다가 일기로 쓸 수 있는 소재 또한 너무 많아서 일일이 소개하기 힘들 정도지요. 다양한 방법과 글감이 있기 때문에 역사일기는 지겹지 않아요. 오히려 일기 쓰는 것에 재미가 술술 붙을 거예요.

'와, 나에게도 이런 상상력이 있었네. 정말 그럴 듯한 생각인걸!' 역사일기를 쓰다 보면 이런 감탄이 절로 나올 거예요.

역사를 다양한 관점에서 생각하게 돼요

우리는 수업 시간과 여러 가지 역사책을 통해서 역사에 대해 공부를 하고 있어요. 과거에 어떤 일이 벌어졌는지, 그리고 그 사건으로 어떤 결과가 생겨났는지 알게 되죠. 조금 깊게 들어가면 그 사건이 역사적으로 어떤 의미가 있는지도 함께 생각해 보는 기회를 가지게 될 거예요. 하지만 수업 시간에 배우는 것만으로는 역사적 사건 속에 담겨 있는 다양한 입장과 해석을 알아내기란 쉽지 않아요.

하지만 역사일기를 쓰게 되면 역사를 다양한 관점에서 생각해 볼 수 있어요. 교과서나 역사책에는 몇 줄밖에 나와 있지 않은 사건을 소재로 삼으니까 좀 더 깊은 생각과 상상력을 동원할 수도 있어요.

한 가지 예를 들어 볼게요. 고려 시대에 무신들은 문신들의 차별과 수모를 참지 못하고 어느 날 문신들을 죽이고 왕까지 멋대로 바꾸었어요. 이것을 무신정변이라고 해요. 여러분은 무신정변을 어떻게 생각하나요? 당시에 무신정변을 겪은 무신과 문신, 임금과 백성들의 입장은 각각 달랐을 거예요. 교과서로만 배웠을 때에는 생각하지 못한 것이지만 역사일기를 쓰다 보면 이처럼 다양한 사람들의 입장에서 그 사건을 바라볼 수 있게 돼요. 또한 무신정변이 가져다 준 긍정적인 변화와 부정적인 변화를 함께 생각해 볼 수 있어요. 무신정변으로 고려 사회에 도움이 된 것은 무엇인지, 반대로 나쁜 영향을 끼친 것은 무엇인지 생각해 볼 수 있다는 말이지요.

이처럼 역사를 다양한 관점에서 바라본다면 시간이 지날수록 성숙한 사람이 될 가능성이 많아요. 사람과 사람이 함께 더불어 살아가는 이 사회도 다양한 관점과 생각이 존재하니까요. 나와 다른 다양한 사람들의 의견과 생각을 받아들일 능력을 갖춘다면, 다른 사람을 인정하고 이해할 줄 아는 멋진 사람으로 평가받을 거예요.

교훈을 얻어 나를 발전시켜요

역사를 배우는 이유 중 하나는 역사를 통해 교훈을 배워 현재와 미래의 삶을 발전시키기 때문이라고 한 말 기억하나요? 발전이란 무엇일까요? 더 낫고 좋은 상태, 더 높은 단계로 나아가는 것을 발전이라고 해요. 예를 들어, 리코더를 전혀 불지 못했던 친구가 어느 날부터 리코더를 자신 있게 불게 되었다면 그 친구는 리코더 부는 일에서 발전한 거예요. 하지만 어떻게 그런 발전을 이

룰 수 있을까요? 물론 연습을 많이 했을 거예요. 어쩌면 학급 친구들 앞에서 제대로 불지 못해 큰 창피를 당한 날 이후 연습에 몰두했을지도 몰라요. '6학년이 되어서 리코더를 불지 못하는 것은 부끄러운 것이다.'라는 교훈이 그 친구가 리코더를 잘 연주하도록 이끈 것이지요. 만약 과거에 친구들 앞에 서는 일도 없었고, 또 그것을 부끄럽게도 여기지 않았다면 그 친구는 리코더를 불지도 못한 채 그냥 중학생이 될 거예요.

이렇게 과거의 사건에서는 우리가 배울 교훈이 숨어 있어요.

역사일기를 쓰는 사람은 역사로부터 교훈을 찾아내고, 그것으로 자신의 발전을 이루게 됩니다.

2장
역사일기 들여다보기

1. 역사 일기의 구성

역사일기 구성 한눈에 보기

날짜 : 2011년 4월 20일 수요일, 내 생일이 이제 5일 남았다.

날씨 : 이제 봄이 얼마 남지 않아서인지 햇살이 따가왔다. 하지만 저녁이

되자 선선한 바람이 불어와 여름이 오는 것을 아쉬워하는 듯했다.

제목 : 만약 선조 임금이 이이의 주장대로 10만 군사를 길러 냈다면

1592년 임진년에 우리나라는 일본에게 침략당했다. 전쟁 없이 평화로운
생활을 하던 우리나라는 그전에 아무런 준비도 하지 못했다. 일본이 20
만의 대군을 거느리고 바다를 건너 임금이 있던 한양까지 올라오자 결
국 왕과 조정은 평양으로 피난을 가야만 했다.

나라가 평화로울 때 전쟁을 대비한다는 것은 쉽지 않은 일이다. 하지만
선조 임금에게 나라가 태평할수록 군사를 훈련시키고 준비해야 한다고
말한 이가 있었다. 바로 율곡 이이다.

율곡은 10만 명의 군사를 훈련시켜야 한다고 말했다. 하지만 선조 임금과 조정은 이이의 주장을 받아들이지 않았다. 만약 이이의 주장이 받아들여졌다면 어떻게 되었을까? 일본은 감히 우리나라를 침략할 생각조차 하지 못했을 것이다. 만일 일본이 침략했다 하더라도 잘 훈련받은 군사들이 용감히 싸워 일본을 물리쳤을 것이다.

전쟁이 7년이나 계속되는 동안 일본은 많은 사람을 죽이고 곡식과 물건을 빼앗아 갔다. 결국 우리나라는 스스로 일본을 물리치지 못해 명나라의 도움을 받았고, 나중에 명나라에게 그 빚을 다시 갚아야 했다.

우리에게 10만의 군사만 있었더라면 하는 아쉬움이 머릿속에서 떠나지 않는 하루다.

오늘의 교훈 : 지도자라면 지금 당장의 일보다 앞을 내다보는 지혜가 필요하다.

쓴 시간 : 17:20～18:30

일기 쓰기로 들어가는 입구, 날짜 쓰기

날짜가 없는 일기장, 상상해 본 적이 있나요?

일기의 처음은 항상 날짜로 시작해요. 예를 들어 '2011년 3월 8일, 화요일' 이렇게 말이에요. 가끔은 날짜를 잊고 쓰지 않는 경우도 있겠지만, 그것은 어디까지나 실수일 뿐이지요. 역사일기를 쓸 때도 날짜는 꼭 써야 해요. 다만 쓰는 방법이 조금 바뀌지요.

왜 날짜를 꼭 일기의 맨 앞에 쓰는 것인지 생각해 본 적 있나요? 날짜가 없는 일기나 날짜를 맨 밑에 쓴 일기를 상상해 보세요. 어떤 문제가 있을까요? 일기를 쓰고 나서 얼마 지나지 않을 때는 별로 불편함을 느끼지 못할 거예요. 하지만 시간이 많이 흘러 다시 일기를 찾아 읽을 때는 어떨까요? 몇 살 때 쓴 것인지, 어떤 계절에 쓴 것인지, 몇 월에 쓴 것인지, 무슨 요일에 쓴 것인지 궁금해서 답답해질 거예요. 일기는 어느 누구도 가질 수 없는 자신만의 역사인 만큼 구체적으로 날짜를 기록하는 것이 좋아요. 그래야만 사건이 일어난 시간에 대한 궁금함을 해결할 수 있

을 뿐더러 날짜를 통해서 다른 날에 벌어진 사건과의 관계를 살펴볼 수 있기 때문이에요.

날짜를 자신만의 방법으로 조금 색다르게 표현하는 것도 좋아요. 하지만 세월이 아무리 흘러도 꼭 알아볼 수 있는 방법으로 쓰는 것이 중요해요.

2011년 4월 20일 수요일, 내 생일 5일 전
2011년 7월 26일 화요일, 기다리던 여름 방학이 시작된 날
2011년 11월 11일 목요일, 11이 세 번 겹쳐 운수 좋은 날

어때요? 이렇게 쓰면 날짜도 잘 나타냈을 뿐 아니라, 나만의 중요한 정보까지 남길 수 있어요. 그날이 나에게 어떤 의미가 있는 날이었는지 날짜만으로도 알 수 있으니 좋죠?

하루의 변화를 실감나게 표현한 날씨

오늘은 비 옴, 날씨 : 맑음

많은 친구들이 일기장에 그날의 날씨를 표현해요. 보통 날씨는 '맑음, 비 옴, 구름 낀 날, 눈 옴' 이렇게 네 종류로 나타내는 경우가 많아요. 어떤 일기장은 날씨를 표현한 몇 가지 그림 위에 동그

라미를 치게 해요.

하지만 일기에서 날씨도 중요한 정보예요. 예를 들어 임진왜란 중에 난중일기를 쓴 이순신 장군에게는 날씨가 무척 중요했어요. 바다에서 왜군과 전투를 해야 했기 때문이죠. 바람이 어떤 방향에서 불어오고 있는지, 안개가 끼었다가 얼마 후에 개는지, 비가 오면 파도가 얼마나 높아지는지 등의 날씨 정보를 아는 것이 중요했어요. 물론 현재의 우리에게도 날씨는 중요하고 소중한 사실이자 역사랍니다. 그렇다면 날씨는 어떻게 나타내는 것이 좋을까요?

'오늘은 비 옴', 일기장에 날씨가 이렇게 쓰여 있다면, 그날 비가 하루 종일 왔다는 말일까요? 비가 어느 정도로 내렸다는 것일까요? 굵은 빗발의 장대비가 퍼부었는지, 내리는 듯 마는 듯 이슬비가 왔는지 구체적으로 알 수 없어요.

이쯤에서 한 친구가 쓴 날씨를 소개해 볼게요.

아침 등굣길에 우산을 써도 바짓가랑이가 다 젖을 정도로 비가 내렸다. 하지만 신기하게도 학교에 도착하니 언제 비가 왔냐는 듯이 하늘이 맑게 개었다. 바람은 나뭇가지를 귀찮게 졸라 대듯 온종일 불었다.

어때요? 비가 언제까지 내렸는지, 얼마나 많이 왔는지 알 수 있고, 비와 함께 불어온 바람이 어땠는지도 알 수 있게 잘 표현했지요? 비가 오고 바람도 종일 불었던 그날, 이 친구는 어떤 감정으로 하루를 보냈을지 짐작이 가나요? 예를 또 하나 들어 볼게요.

오전에는 금방이라도 눈이 내릴 듯 하늘이 낮은 구름으로 가득 차 있었다. 어제는 주머니에서 손을 잠시도 뺄 수 없을 만큼 손이 시렸는데, 그에 비하면 오늘은 푸근했다. 저녁이 되니 함박눈이 내리기 시작했다. 지금도 내린다. 눈이 많이 쌓여 내일 학교에 못 가는 것은 아닐까?

이렇게 날씨를 자세하게 표현하면 그 일기를 언제 보더라도 그날의 날씨를 생생하게 기억할 거예요. 게다가 날씨를 표현하기 위

해 하늘을 보면서 관찰했던 내용과 그 느낌만을 적는 것만으로도 그날의 일기가 될 수 있어요.

날씨 쓰는 일에만 온통 집중해서 일기를 쓸 수는 없어요. 하지만 반드시 기록해야 하는 날씨를 밋밋하고 알 수 없는 내용으로 기록하는 것보다 생생하고 구체적인 표현으로 기록한다면 좀 더 독특하고 살아 있는 나만의 일기를 만들 수 있답니다.

글의 방향을 결정짓는 제목

큰 배를 타 본 경험이 있나요? 넓은 바다 위를 유유히 떠가는 배 위에 있으면, 무겁고 큰 배가 바닷속에 가라앉지도 않고 빠른 속력으로 가는 것이 참 신기해요. 돛으로만 가는 배가 아니라면 작은 배든 큰 배든 모든 배에는 방향키라는 것이 있어요. 마치 모든 자동차의 운전석에 핸들이 있는 것처럼 말이에요. 방향키는 배가 가려는 방향을 조절하는 역할을 해요.

영화에서 선장이 "북위 30도, 동경 27도!" 이렇게 외치면 방향키를 잡은 조타수가 그 방향으로 키를 돌리는 것을 본 적이 있을 거예요. 방향키를 어디로 향하느냐에 따라 아무리 큰 배라도 그 방향으로 움직이게 되는 거지요.

역사일기 쓰기에서 제목은 마치 큰 배의 방향키와 같아요. 제목을 어떻게 잡느냐에 따라 역사일기의 방향이 결정되거든요.

예를 들어 볼게요. 통일신라 시대에 지금의 완도 근처인 청해진에서 해적들을 물리치고 일본과 당나라와의 무역을 통해 신라를 부강하게 만들었던 장보고에 대해 공부한 친구가 역사일기를 쓰려고 해요. 자, 어떤 제목으로 일기를 쓸 수 있을까요?

장보고의 일생

백성들을 사랑한 의로운 사람, 장보고

해상왕 장보고를 만나다.

장보고의 최후

무역왕 장보고

청해진과 장보고

모두 장보고에 관한 이야기지만 어떤 제목을 정하느냐에 따라 전혀 다른 내용들로 채워지게 될 거예요. '장보고의 일생'이라는 제목의 일기에는 장보고가 태어난 해부터 시작해서 어떤 업적을 이루고 어떻게 죽음을 맞이했는지에 대해 한 사람의 일생이 순차적으로 쓰일 거예요.

'해상왕 장보고를 만나다'라는 제목을 정한다면 아마도 그 당시 무역에 관해 장보고와 생각했던 내용을 일기로 쓰거나, 내가 그 시대로 들어가 장보고 곁에서 그가 한 중요한 일을 함께 겪는 내용의 일기를 쓸 수 있겠죠? 또 '장보고의 최후'라는 제목으로 일기를 쓰게 된다면, 장보고가 큰 업적을 이루었지만 결국 암살을 당하는 이유가 무엇인지에 대해서 쓴 글이 될 거예요.

이렇게 '어떤 내용의 일기를 쓸 것인가?'는 일기의 주제와 제목과 밀접한 관계를 맺고 있어요. 한마디로 제목은 일기의 내용을 안내하는 역할을 하는 것이랍니다. 그만큼 일기의 제목은 중요하지요.

재미있고 다양한 형식의 내용

학교 생활 중 제일 기다려지는 시간이 언제인가요? 수업 시간인가요? 아니면 친구들과 이야기하며 놀 수 있는 쉬는 시간인가요? 음, 아마도 여러분이 가장 기다리는 시간은 점심시간이 아닐까 싶어요. 모락모락 김이 나는 밥과 국, 다양한 반찬들을 친구들과 어울려 먹는 재미가 있어서 학교 생활이 더 즐겁다고요? 그런데 매일 똑같은 국과 반찬이 나온다면 어떨까요? 아마도 사흘만 지나도 불평을 할 거예요. 인내심이 많은 친구라도 똑같은 메뉴로 일주일을 보내면 먹기 싫다고 투덜거릴 수도 있어요.

역사일기 쓰는 방법은 한두 가지가 아니에요. 역사일기 쓰기는 수십 가지 반찬을 고루 맛볼 수 있는 풍성한 식탁과도 같아요. 다음 장에서는 역사일기를 쓰는 다양한 방법을 아주 구체적으로 소개할 거예요. 그 방법은 무려 스무 가지나 된답니다.

물론 자신이 좋아하는 방법, 더 잘 표현할 수 있는 방법이 있다면 그것을 자주 사용해도 된답니다. 어떤 음식은 질릴 때까지 먹고 싶은 것처럼 말이에요. 만화나 그림에 소질이 있고 그림 그리기를 좋아한다면 그때의 상황을 만화로 나타내거나 그림으로 잘 표현할 수도 있어요. 이렇게 역사일기를 쓰는 데에는 다양한 방법이 있기 때문에 같은 소재라도 쓰는 사람에 따라서 다른 내용의 일기가 될 수 있어요.

아래의 글은 조선의 21대 왕, 영조의 아들인 사도세자를 소재로 한 역사일기의 일부랍니다. 사도세자는 아버지 영조의 명으로 쌀을 담아 두는 뒤주에 갇혀 비참하게 굶어죽었어요.

나 : 아버지인 영조께서 뒤주에 가두라 할 때 어떤 생각이 들었나요?

사도세자 : 설마설마했어요. 아무리 내가 아버지에게 밉게 보였다지만 그래도 아들을 뒤주에 가둘까 싶었지요. 하지만 곧 그것이 정말임을 알게 됐어요.

나 : 뒤주 속에 갇혀 있을 때 가장 많이 했던 생각은 무엇이었나요?

사도세자 : 아버지께서 마음을 돌리기만을 간절히 바랐어요. 사흘이 지나자 정말 죽을지도 모른다는 생각이 들었거든요.

나 : 아버지께서 뒤주에 가둔 이유가 무엇이었나요?

사도세자 : 제가 여러 잘못을 하긴 했어요. 술과 여자를 좋아해서 대궐

에까지 기생을 들여 놓았으니까요. 하지만 가장 큰 이유는 당
파 간의 권력 싸움이었어요.

내가 뒤주에 갇힌 지도 오늘로 사흘 째. 아버지의 명으로 어느 누구 하
나 나에게 물 한 방울 주지 않았다. 이따금 귓가를 맴도는 나의 아내 홍씨
의 훌쩍거리는 울음소리가 아직 내가 죽지 않고 살아 있음을 알려 줄 뿐
이다. 나의 무고함을 여러 차례 소리지르며 호소해 보았지만 아직도 아버
지는 믿지 않는다. 화가 많이 난 듯하다. 나는 이대로 죽는 것일까? 언제까
지 이 목숨을 부지할 수 있을까⋯⋯. 매일 같이 내리쬐는 햇볕이 따사롭게
느껴지기는커녕 나의 죽음을 재촉하고 있는 듯하다. 아, 햇빛이 이렇게 미

워질 줄이야! 물 한 모금 마시고 싶은 마음이 간절하다.

두 일기는 같은 소재지만 일기를 쓴 방법이 전혀 달라요. 첫 번째 방법은 주인공과의 면담이라는 방법을 사용해서 쓴 일기고, 두 번째는 직접 역사 속 주인공이 되어 글을 쓴 것이에요. 쓰는 방법에 따라서도 글쓴이의 느낌과 생각이 다르게 표현되지요? 이렇게 역사일기는 쓰는 방법이 다양하기 때문에 지루하지 않고 늘 새롭게 일기를 쓸 수 있다는 장점이 있답니다.

역사일기의 의미, 역사에서 얻는 교훈
다음 두 일기의 공통점이 무엇인지 한번 찾아보세요.

1592년 4월, 일본의 통일을 이룬 도요토미 히데요시는 수십 만 명의 왜군을 이끌고 우리나라를 공격했다. 하지만 당파 싸움에 밀려 아무런 준비를 하지 못하고 있던 우리 군대는 왜군을 막지 못해 곳곳에서 패하기만 했다. 결국, 임금도 한양을 떠나 북쪽으로 도망 칠 수밖에 없었다.

점심시간에 깍두기를 6개나 먹었다. 배식 당번을 하면서 평소에 내가 얄밉게 생각하던 친구에게 깍두기를 많이 주었는데, 그 친구가 하필 선생님에게 달려가 내가 자기에게만 깍두기를 많이 주었다면서 다 먹어야 하냐고 물어본 것이다. 선생님이 내게 다가와 "너는 몇 개 먹을 거니?"라고 물어보자 할 말이 없었다. 결국, 나도 그 친구와 똑같이 깍두기 6개를 받고서야 일이 마무리 되었다. 친구를 괴롭히려다 오히려 내가 당한 꼴이었다.

공통점을 찾을 수 있었나요? 첫 번째 글은 역사의 한 부분이고, 두 번째 글은 우리가 평소에 쓰는 일기라 공통점이 없는 것 같다고요? 하지만 눈치 빠른 친구들은 벌써 답을 알아챘을 거예요. 두 일기 모두 바로 잘못한 점을 깨닫고 교훈을 얻었다고 쓰여 있어요. 첫 번째 글에서는 일본이 우리나라를 그토록 쉽게 침략해서 괴롭게 했던 원인을 발견할 수 있어요. 바로 정치인들이

서로 싸우기만 하고 왜군의 침입을 준비하지 않았기 때문이었죠. 정치가들이 서로 협력하며 나라를 꾸려가는 상황 속에 군대를 잘 정비시켰더라면, 외세의 침략에도 나라를 지켰을 것이라는 교훈을 얻을 수 있어요.

두 번째 일기에서는 친구를 괴롭히려다 오히려 선생님에게 밉보인 일을 일기로 썼어요. 친구를 불공평한 방법으로 골려 주지 않았다면 그 친구와 멀어지지 않고 선생님에게 혼날 일도 없었을 거라고 깨닫게 된 것이죠.

앞에서도 말했듯이 역사를 배우는 이유 중 하나는 역사를 통해 교훈을 배워 현재와 미래의 삶을 발전시킬 수 있다는 것이에요. 그리고 일기를 쓰면 좋은 점은 바로 자신의 삶을 돌아보며 더 나은 인격을 갖추게 된다는 것이지요. 역사일기는 역사 속에서 발견한 교훈을 내 일기에 써 넣을 수 있어요. 이것이 바로 역사일기만의 특징이지요. 역사일기를 쓰며 작은 것 하나라도 교훈을 찾아 깨닫는다면 그것이 쌓여 나를 발전시킬 거예요.

역사일기의 출구, 쓴 시간

지금까지 역사일기의 구성을 알아보았어요. 이제 마지막 관문이에요. 바로 일기를 쓴 시간을 적는 일만 남았어요. 어렵지 않아요. 역사일기를 저녁 7시쯤에 시작해서 8시 10분에 완성했다면

'오후 7:00~8:10' 이렇게 쓰는 거지요. 간단하다고요? 그래요, 일기 쓰기를 시작할 때와 다 썼을 때의 시간만 확인한다면 이쯤이야 매우 쉽지요.

　그런데 일기를 쓰는 데 시간이 왜 이렇게 오래 걸리냐고요? 여러분은 1시간 넘게 일기를 써 본 경험이 있나요? 보통은 30분 안에 내용도 좋고 글씨도 반듯한 일기를 완성했을 거예요. 물론 역사일기 쓰기도 빨리 쓰면 10분 만에도 가능하지요. 하지만 1시간

을 훨씬 넘겨 2시간이 걸릴 수도 있어요. 그렇다면 어떤 것이 더 잘 쓴 일기일까요? 정답은 없어요. 시간을 오래 걸려 썼다고 해서 늘 잘 쓴 일기는 아니에요. 역사일기를 쓰면서 TV도 보다가, 동생과도 놀며 왔다갔다하면 완성하는 데 2시간이 훌쩍 넘을 수도 있지요. 하지만 꼭 명심할 것이 하나 있답니다. 역사일기 쓰기에 공들인 시간만큼 얻는 것이 많다는 거지요.

역사일기의 맨 마지막에 시간을 기록하면 내가 얼마만큼의 시간을 들여 일기를 썼는가를 알 수 있어요. 5분, 10분 만에 쓴 일기는 정성과 고민이 빠져 있기 십상이에요. 결국 자기 자신도 외면하는 일기가 될 것이 뻔해요. 하지만 제목을 정하는 것부터 깊이 있게 고민하고, 자료를 찾아보며 역사를 내 것으로 만든다는 마음으로 일기를 쓴다면 한두 시간은 훌쩍 지나갈 거예요. 땀 흘려 쓴 일기가 모여 한 권을 채울 때쯤 일기를 다시 읽어 보면 훌쩍 성장해 있는 자신을 발견하게 될 거예요.

ㄹ. 역사일기를 쓰기 전에 준비해야 할 것들

언제 일기를 쓸 것인지 정해요

역사일기를 쓰기로 마음먹었다면 무엇보다 먼저 생각할 것이 있어요. 뭘 또 생각하냐고요? 어서 빨리 역사일기를 쓰고 싶은 여러분의 마음은 이해가 되지만 그래도 한번 잘 생각해 보세요. '그래, 오늘부터 역사일기를 쓰는 거야!' 이렇게 마음먹었다고 해도 막상 역사일기를 쓰게 되면 한 달도 채 지나지 않아 역사일기 쓰기를 포기할 수도 있어요. 그렇게 되면 앞에서 말한 역사일기의 유익을 전혀 누리지 못하는 안타까운 일이 생기고 말죠. 그런 일을 막기 위해 가장 먼저 할 일은 언제 역사일기를 쓸 것인지 정하는 거예요. 평소에 모든 일기를 역사일기로만 쓸 수는 없어요. 생활일기도 매우 중요하니까요. 그래서 역사일기를 쓸 시간을 정해 놓고 그 약속을 잘 지키는 습관이 필요하답니다.

역사일기는 언제 쓰는 것이 좋을까요? 정해진 답은 없어요. 언제 쓸 것인지는 자신의 생활에 맞게 직접 결정하고, 그 시간을 지켜서 써 보는 거예요. 하지만 시간을 정하기 어려워하는 친구들을 위해 역사일기를 쓰기 좋은 시간을 몇 가지 알려 줄게요.

매주 토요일에 쓴다.
사회 수업을 들은 날에 쓴다.
역사와 관련된 책을 한 권 읽은 날에는 꼭 쓴다.

이중에서 가장 효과적인 시간은 첫 번째예요. 어떤 요일을 '역사일기의 날'로 정해 놓으면 역사일기를 꾸준하게 쓸 수 있어요.

역사와 관련된 책을 읽은 날에는 꼭 쓴다고 결정했더라도 역사책을 한 주에 한 번씩 읽지 않는다면 일 년에 몇 번 쓰지 못할 것이 뻔하거든요.

역사일기를 쓰는 시간을 정할 때 주의할 점이 하나 더 있어요. 바로 자기 전에는 쓰지 않는 거예요. 보통 하루의 일과를 모두 마치고 잠자리에 들기 전에 일기를 쓰는 경우가 많아요. 하지만 그렇게 밤에 쓰다 보면 졸려서 집중력 있게 일기를 쓰기가 힘들어요. 몸이 피곤한데 일기까지 쓰려니 일기가 얄미워지기도 하고요. 소중히 여기며 즐겁게 쓸 역사일기가 그렇게 느껴지면 정말 안타까운 일이겠죠?

일기장을 펼치기 전에 준비물을 챙겨요

언제 일기를 쓸 것인지 정했으면 이제 준비물을 갖춰야 해요. 일기 쓰는 데 일기장 말고 무슨 준비물이 필요하냐고요? 그래요, 역사일기 쓰기에서 가장 중요한 준비물은 일기장이지요.

하지만 이 일기장은 좀 특별해요. 나만의 역사일기장이거든요. 물론 평소에 사용하는 일기장에 역사일기를 써도 되지만 역사일기만을 위한 특별한 일기장이 있으면 좋아요. 그리고 역사일기가 한 편, 두 편 모여 몇 권의 일기장을 다 채우게 되면 그것을 한 권의 책으로 묶어 보세요. 나의 역사일기가 또 하나의 역사책이 된답니다.

일기장이 준비되었으면 이제 내 책꽂이에 역사책이 몇 권이나 꽂혀 있는지 확인해 보세요. 역사책은 역사일기를 쓸 때 매우 유용하게 사용할 수 있어요. 평소에는 몇 시간 만에 한 권을 술술 다 읽을 수 있지만, 역사일기를 쓰게 되면 내가 다루고자 하는 사건이나 인물이 나와 있는 부분을 매우 꼼꼼히 읽게 돼요. 그 내용을 직접 글로 쓰기 위해서는 정확하게 파악하는 것이 중요하니까요. 이것으로 역사일기를 쓸 준비는 다 된 것 같아요.

한 가지만 더 덧붙인다면 평소에 역사에 관심을 많이 가지는 것이 필요해요. 학교 도서관에는 다양한 역사책들이 많이 있어요. 역사책을 읽을수록 역사는 알면 알수록 흥미 있고 매력적인 분야라는 것을 알게 될 거예요. 텔레비전을 통해서도 역사에 관한 지식을 얻을 수 있어요. 역사를 소재로 한 '사극'이라고 부르는 드라마도 관심을 가지고 보세요. 역사를 드라마로 만들었기 때

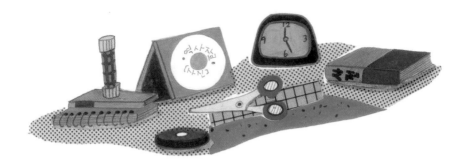

문에 실제 사실과 다른 경우가 많이 있지만, 역사를 보는 관점과 흥미를 키우는 데에는 도움을 줄 수 있어요. 또한 다큐멘터리로 만든 역사 프로그램을 보는 것도 역사에 대한 흥미를 높이는 데 도움을 줘요.

내용을 쓰기 위한 순서를 정해요

마음의 준비도 되었고, 일기장과 역사책도 준비되었으니 역사 일기의 내용을 쓰기 위한 순서를 알아볼까요?

1. 역사일기를 쓰는 첫 번째 순서는 역사적 인물과 사건, 시대 등 역사일기의 소재를 정하는 거예요. / 역사 속에는 수많은 인물들이 등장해요. 여러분이 잘 아는 세종대왕, 이순신, 이성계, 유관순, 김구 등 유명한 인물들도 있고, 이름은 잘 알려지지 않았지만 역사적으로 중요한 역할을 한 인물들도 많이 있어요. 하지만 이름이 익숙한 역사 인물이라고 해서 그들을 제대로 알고

있는 것은 아닐 거예요. 막상 유명한 인물에 대해 글로 쓰려고 하면 거의 아는 것이 없다는 것에 스스로 놀라게 될 테니까요. 그럼 오늘 나의 역사일기에 등장할 한 명의 인물을 마음속으로 정해 보세요.

또 다른 방법은 사건을 선택하는 거예요. 여기서 사건이라고 하면 역사적으로 벌어진 중요한 일을 말해요. 예를 들어 고구려 시대의 살수대첩, 고려 시대 말기 이성계의 위화도 회군, 일제 시대의 3·1운동, 조선 시대 후기의 동학운동 등 역사 속에는 헤아릴

수 없을 만큼 많은 사건들이 있어요. 이렇게 많은 사건들 하나하나가 다 역사일기의 소재랍니다.

우리나라의 역사는 선사 시대부터 시작해서 고조선 시대, 삼국 시대, 남북국 시대, 후삼국 시대, 고려 시대, 조선 시대, 일제강점 시대, 해방 후 시대, 근대 시대 등으로 구분할 수 있어요. 시대를 먼저 정하면 큰 사건들뿐만 아니라 유물, 풍속 등을 정리하는 데 수월합니다. 한 시대에 벌어진 큰 역사적 줄기를 따라가며 일기를 쓴다면 역사에 대한 안목을 기르는 데 큰 도움이 될 거예요.

2. 역사일기에 쓸 내용을 정하고 나면, 제목과 형식을 정해요.

제목은 글의 방향을 정하는 역할을 한다고 했지요? 어떤 제목을 짓느냐에 따라 그 제목에 적당한 일기의 형식을 결정하기도 해요. 또한 앞에서 말한 어떠한 소재를 정했느냐에 따라 그것에 알맞는 형식이 결정돼요. 예를 들어 인물을 중심으로 글을 쓰고자 결정했다면 '역사 인물과의 인터뷰'라는 형식을 사용하면 효과적이지만, 사건을 중심으로 일기를 쓸 때는 적당하지 않지요.

3. 마지막으로 할 일은 글에 들어갈 정보를 수집하는 일이에요.

여러분이 역사책을 많이 읽었다고 해도 막상 한 사건을 글로 다룬다는 것은 쉽지 않은 일이에요. 역사일기를 쓸 때 다시 한 번

내가 쓰려고 하는 것과 관련된 부분을 찾아 읽어 보고, 나의 일기에 어떤 내용을 효과적으로 넣을지 고민해야 해요. 인터넷을 통해서도 역사 자료를 구할 수 있어요. 인터넷에는 간혹 잘못되었거나 확실하지 않은 내용이 있어 문제가 되기도 하지만 대부분은 정확한 정보를 담고 있어서 역사를 아는 데 아주 유용해요.

한 가지 예를 들어 볼게요. 오늘의 역사일기의 글감으로 '조선 시대 노비의 삶'을 선택한 뒤, 노비가 되어서 하루의 일과를 이야기하는 형식으로 일기를 쓰려고 해요. 하지만 노비가 어디에서 살았는지, 무슨 일을 주로 했는지, 일반 평민들과는 어떤 차별이 있었는지에 대한 배경 지식이 없다면 일기 쓰기가 힘들어지겠죠?

정보 수집을 위해 먼저 교과서를 찾아 조선 시대 노비의 삶에 대한 이야기가 나온 부분을 자세히 읽어요. 그다음, 집이나 도서관에서 조선 시대 노비와 관련한 책을 찾아 읽는 거예요. 만약 책을 구하지 못했다면 인터넷으로 검색을 해도 좋아요. 검색 사이트에 '조선 시대 노비'라고 입력하면 다양한 자료가 나온답니다.

검색한 자료를 바탕으로 노비들이 하는 일과 사는 곳, 노비들이 따라야 했던 규율, 평민과 다른 점 등을 공부해요. 그러고 난 뒤, 내가 직접 조선 시대의 노비가 되어 하루의 일과를 이야기하는 일기를 쓰는 거예요. 그럼 오늘의 역사일기는 완성이지요.

역사일기를 깔끔하게 마무리해요

역사일기를 쓰는 형식과 내용을 정해 일기를 다 썼다고요? 그래요, 많이 힘들었죠? 처음에는 쉽지 않았을 거예요. 시간도 많이 걸리고 머리가 아플 수도 있어요. 하지만 이것이 나의 발전을 위한 고통이라고 생각하면 견딜 만할 거예요.

친구들은 보통 일기를 쓰고 일기장을 한번 덮고 나면 다시 읽을 생각을 하지 않아요. 왜 그럴까요? 일기쓰기가 너무나 힘들어서 다시는 보고 싶지 않기 때문일까요? 아니면 방금 쓴 일기가 손볼 곳 없을 정도로 완벽하다고 생각하기 때문일까요? 이유야 어떻든 내가 쓴 일기를 다시 읽고 고치는 사람은 별로 없어요.

하지만 역사일기의 깔끔한 마무리는 내가 오늘 쓴 역사일기를 다시 읽고 고치는 것이랍니다. 물론 어떤 날은 힘들고 피곤해서 그렇게 하지 못하는 경우도 있을 거예요. 또는 역사일기 쓰기에 익숙해지면 스스로 생각하기에 무척 잘 써서 손 볼 곳이 없다고 여겨질 수도 있겠지요.

내가 쓴 일기에 틀린 내용이 담겨 있지는 않은지, 구체적으로 잘 썼는지, 더 실감나고 재미있게 쓸 부분은 없는지를 생각하며 다시 그 일기를 읽어 보세요. 그러면 훨씬 훌륭한 글로 고칠 수 있을 거예요. 역사일기를 다 쓰고 친구나 부모님, 선생님께도 한번 보여 주세요. 다른 사람들에게 여러분이 쓴 역사일기의 어떤 점이 좋은지, 어디를 고치면 좋을지를 물어보는 거예요. 아마 더 객관적인 입장에서 문제점과 개선점을 짚어 줄 거예요. 정말 값진 조언이 되겠죠? 이런 과정을 거치면 더 단단하고 알찬 역사일기가 탄생할 수 있지요.

자기 자신이 읽어 봐도 멋진 글은 한 번에 쓰이지 않는다는 것을 꼭 알아 두세요!

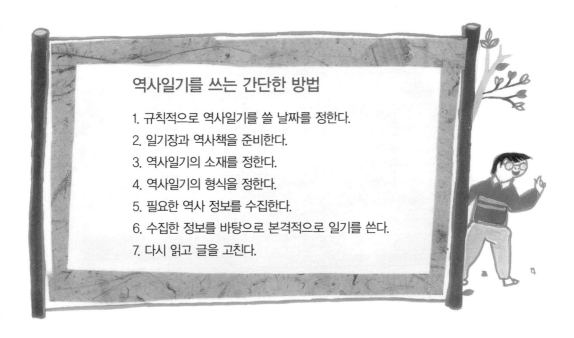

역사일기를 쓰는 간단한 방법

1. 규칙적으로 역사일기를 쓸 날짜를 정한다.

2. 일기장과 역사책을 준비한다.

3. 역사일기의 소재를 정한다.

4. 역사일기의 형식을 정한다.

5. 필요한 역사 정보를 수집한다.

6. 수집한 정보를 바탕으로 본격적으로 일기를 쓴다.

7. 다시 읽고 글을 고친다.

3장

역사일기 속 산책하기

1. 첫 걸음은 이렇게 시작해 보세요

그림으로 나타내기

초등학교 1학년이 되어서 처음으로 썼던 일기장을 가지고 있나요? 아마 대부분은 그림 일기장을 가지고 일기를 썼을 거예요. 글을 아직 잘 모르거나 익숙하지 않은 1학년에게는 그림으로 일기를 쓰는 것이 좋은 방법이에요. 글자가 발명되기 전 인류 최초의 기록도 그림이었어요. 사람들에게 그림은 글자보다 더 친숙하기 때문이죠.

그래서 역사일기 쓰기의 첫 번째 방법으로 내용을 그림으로 나타내는 방법을 소개하려고 해요. 말 그대로 역사의 한 장면을 그림으로 표현하는 것이에요. 인물이나 배경을 그린 뒤 예쁘게 색칠을 하면 한 편의 역사 일기가 완성된답니다.

역사적 사건이나 한 시대의 의복, 음식, 집, 생활 도구 등을 그림으로 표현하면 더욱 효과적이에요.

고구려 시대의 무덤에서 발견된 벽화에는 사람들이 서커스를 하는 모습이 그려져 있었다. 지금으로부터 천 년도 훨씬 전인 삼국 시대에 서커스가 있었다니, 믿기가 힘들었다. 하지만 생활에 여유가 생기면 즐거움을 찾는 것은 옛날이나 지금이나 차이가 없을지도 모른다는 생각이 들었다.

퀴즈로 만들기

퀴즈란 어떤 질문에 대한 답을 알아맞히는 놀이에요. 그리스 신화에 나오는 '스핑크스의 퀴즈'를 알고 있나요? 스핑크스라는 괴물은 지나가는 나그네들에게 '하나의 목소리를 내고, 어려서는 네 발로, 젊어서는 두 발로, 늙어서는 세 발로 다니는 동물이 무엇이냐?'라는 퀴즈를 냈어요. 그리고 정답을 맞히지 못하는 나그네들을 잡아먹었어요. 하지만 한 젊은이가 '사람'이라고 대답해 스핑크스를 물리쳤다는 유명한 이야기가 그리스 신화에 담겨 있어요. 어때요, 재미있죠?

역사일기를 퀴즈로 만들어 쓸 때에는 역사적 사실을 잘 이해해야만 좋은 문제를 만들 수 있답니다. 퀴즈 문제는 쉽게 낼 수도 있고 매우 어렵게 낼 수도 있어요. 답을 하는 방법도 ○, ×로 답하는 방법과 단답식으로 답을 하는 방법이 있지요. 퀴즈 문제는 소재를 다양하게 활용하기에 참 좋아요. 한 인물에 대해 퀴즈를 낼 수 있고, 시대별 사건을 퀴즈로 만들어 낼 수도 있어요.

내가 쓴 퀴즈로 만든 역사일기를 가족이나 친구에게 보여 준 뒤, 문제를 읽어 달라고 하고 직접 답을 맞혀 보세요. 무척 재미있겠죠? 공부도 되고 놀이도 되는 방법이 바로 '퀴즈로 만들기'랍니다.

1. 한글이 없을 때 우리 조상들은 한자 말고도 이것을 사용했다. 이것은 무엇일까?

2. 세종대왕이 만든 훈민정음을 사용해 최초로 지은 노래는 무엇일까?

3. 맞으면 ○, 틀리면 ✕하세요. 훈민정음이 처음으로 만들어졌을 때 모든 신하들은 임금님의 깊은 뜻을 알고 훈민정음의 사용에 찬성했다.

4. 세종대왕의 아버지는 누구일까?

5. 세종대왕이 만든 학문 연구소이며, 그가 학자들과 함께 한글을 만든 곳의 이름은 무엇일까?

정답 : ① 이두 ② 용비어천가 ③ X ④ 태종 ⑤ 집현전

편지 쓰기

평소에 편지를 잘 쓰지 않는 사람이라도 일 년에 한 번은 꼭 편지를 쓸 거예요. 그날은 바로 어버이날이지요. 부모님의 은혜를

생각하며 감사와 사랑의 말을 전하기 위해 사용한 편지가 이번에 소개할 역사일기 쓰기 방법이에요.

편지라는 형식을 빌려 글로 의사를 표현할 때의 좋은 점은 말로 표현할 때보다 내 생각과 뜻을 더 정확하게 전달할 수 있다는 것이에요. 말은 한번 하면 주워 담을 수 없지만 편지는 몇 번이고 고쳐 쓸 수 있기 때문이죠.

편지에는 기본적인 형식과 예절이 있어요. 이왕에 편지를 쓴다면 형식을 맞추어 쓰는 것이 좋아요. '받는 사람, 첫 인사말, 하고 싶은 말, 끝 인사말, 쓴 날짜, 쓴 사람'의 순서대로 편지를 쓰면 된답니다. 언뜻 복잡해 보이지만 이미 우리가 익숙하게 사용하고 있는 형식이에요.

그럼 역사일기에서 누구에게 편지를 쓰는 것이 좋은지 생각해 볼까요? 첫 번째로 역사 속 인물에게 편지를 쓰는 방법이 있어요. 평소에 존경하는 인물에게 쓸 수도 있고, 싫어하는 인물에게 쓸 수도 있어요. 물론 그분들이 내 편지를 실제로 받을 수는 없지만, 받는다는 가정을 하고 써야만 실감나는 내용의 편지가 되지요. 또 다른 방법은 실제로 살아 있는 누군가에게 편지를 쓰는 거예요. 그 대상은 친구일 수도 있고, 엄마 아빠 같은 가족일 수도 있고요. 실제로 서점에 나와 있는 역사책 중에는 엄마가 자녀에게 편지로 역사를 소개한 책이 있어요.

정조 임금님께

안녕하세요? 임금님, 저는 임금님을 본받아 제 삶에 작은 혁명을 일으키고 싶은 5학년 어린이랍니다. 아버지인 사도세자가 돌아가신 뒤 어머니인 혜경궁 홍씨를 정성껏 보살피신 임금님의 모습을 보면서 효도하는 마음을 본받고 싶었어요.

이번에 전 새로운 사실을 알았어요. 임금님이 지내셨던 곳이 창덕궁이라면서요? 그동안 창덕궁에 가 본 적은 많지만 그곳에 누가 살았는지에 대해서는 관심이 없었어요. 하지만 경복궁이 임진왜란 때 불타, 정조 임금님이 창덕궁에서 생활하신 것을 알고 안타까운 마음이 들었어요.

정조 임금님께서는 평소에 좋아하시던 창덕궁에 규장각을 세우시고 그 건물의 이름을 '주합루'라고 지으셨다고 들었어요. 주합이라는 것은 사람과 우주가 하나가 된다는 뜻인데, 궁궐 안에서도 백성을 우주처럼 넓게 돌보시겠다는 의미로 주합루를 지으신 건가요? 아마도 제 추측이 맞을 것 같아요.

정조 임금님! 여쭤 보고 싶은 것이 많지만, 하늘나라에서도 백성들을 돌보시느라 힘들 테니 이만 줄일게요. 안녕히 계세요.

2011년 6월 23일 임채연 올림

역사 속 인물과 면담하기

어떤 사람과 만나 궁금한 것을 물어보고 그에 대한 대답을 듣는 것을 면담이라고 해요. 영어로는 인터뷰라고도 하지요. 예를 들어 방과 후에 선생님과 일대일로 만나서 궁금한 것을 물어보고 이야기를 주고받았다면 그것이 바로 면담이에요. 궁금한 것이 있을 때는 직접 당사자를 만나 물어보는 것이 가장 확실하게 궁금증을 풀 수 있는 방법이죠.

이처럼 면담을 통해 역사 속의 한 인물과 궁금한 것을 묻고 답하는 형식으로 역사일기를 쓸 수 있어요. 인물이 왜 그런 행동을 했을까, 왜 그런 생각을 했을까를 질문함으로써 내가 그 처지가 되어서 생각해 볼 수 있는 기회도 생기고 역사적으로 중요한 내용을 정리할 수 있어요.

역사일기장에 가장 궁금했던 첫 번째 질문을 적고 시작해 보세요. 질문하고 답을 적고, 또 그 답에 대해서 생각하면서 다른 질문을 연달아 던지는 과정으로 일기를 쓰다 보면 다시 읽어도 재미있는 역사일기가 될 거예요.

: 안녕하십니까? 저는 강정석 기자입니다. 지금 고조선 시대에 곡식을 훔친 죄인에 대한 심문이 준비 중인데요, 죄인을 잠시 만나 보도록 하겠습니다. 지금 심정이 어떠십니까?

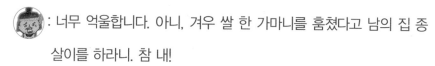 : 너무 억울합니다. 아니, 겨우 쌀 한 가마니를 훔쳤다고 남의 집 종 살이를 하라니. 참 내!

: 그래도 곡식을 훔친 것은 사실 아닌가요? 곡식을 훔치면 벌로 종 살이를 한다는 것을 모르셨나요?

: 아, 순간의 배고픔을 참지 못해 죄를 저지른 것은 인정하고 후회 합니다. 하지만 어떻게 겨우 쌀 좀 훔쳤다고 평생 그 집의 종살이를 하라니, 너무 억울하네요.

: 그렇다면 법이 너무 부당하다고 생각하시는 겁니까?

: 예, 당연히 그렇습니다.

: 다음부터는 죄를 짓지 않으실 건가요?

: 예, 어디 법이 무서워서 살 수가 있어야죠. 당연히 지킵니다.

6하 원칙에 따라 사건을 정리하기

6하 원칙이란 역사 기사, 보도 기사의 문장을 쓸 때 지켜야 하는 기본적인 원칙을 말해요. 6가지 질문은 '언제(When), 어디서(Where), 누가(Who), 무엇을(What), 왜(Why), 어떻게(How)'이고요. 영어로 줄여 나타낼 때는 질문의 첫 글자를 따서 5W와 1H라고 말하기도 해요. 이 여섯 개의 질문은 사건에 대한 정보를 알 수 있게 해 줘요. 만약 질문에서 한 가지라도 빠지게 된다면 대부분의 사람들은 사건에 대해서 궁금함을 느끼게 된답니다. 그래서

사건을 소개하는 신문 기사를 잘 읽어 보면 6하 원칙을 잘 따라서 썼다는 것을 알 수 있어요.

여러분들도 이 6하 원칙에 맞추어 역사적 사건을 정리하며 역사일기를 쓴다면, 머릿속에서 잘 정리되지 않았던 사건 정보가 확실한 내 지식으로 자리 잡는 것을 경험할 수 있을 거예요.

먼저 하나의 사건을 소재로 결정하고 그 사건을 6하 원칙에 따라 정리해 보세요. 그리고 정리한 6하 원칙에 살을 붙여 이야기를 만들어 보세요.

제목 : 을사보호조약

언제 : 1905년 11월 17일

어디서 : 경운궁

누가 : 일본 총독 이토 히로부미와 대한제국의 이완용을 비롯한 5명의
　　　대신

무엇을 : 을사보호조약

왜 : 일본이 우리나라를 보호하겠다는 명분을 내세워 식민지로 만들기
　　위해서

어떻게 : 일본 군대가 대궐을 포위하고 대한제국의 황제와 대신들을 위
　　　협했다.

1905년 11월 17일에 을사보호조약이 대한제국의 경운궁에서 체결되었다. 일본은 우리나라를 보호한다는 명분을 내세웠지만, 을사보호조약의 내용은 우리나라를 일본의 식민지로 만든다는 내용이었다. 고종 황제와 대신들은 이 조약의 불평등함을 알고 동의하지 않았다. 하지만 일본은 군대를 앞세워 강제로 우리 조정을 협박했다. 결국, 일본의 협박에 못 이겨 8명의 대신 중 5명의 대신이 을사보호조약에 찬성해 일본과의 강제 조약이 체결되었다. 이 일로 많은 사람들이 을사보호조약의 부당함에 항의하며 목숨을 버렸고, 전국적으로 의병이 일어나게 되었다.

ㄹ. 재미를 붙였다면 조금 빨리 걸어 볼까요?

역사 속 인물 되어 보기

눈보라가 몰아치는 한겨울, 신하들이 지켜보는 가운데 청나라에게 무릎을 꿇고 머리를 조아리며 항복했던 조선의 인조 임금님의 심정은 어땠을까요? 인조 임금님이 그날 밤 일기를 썼다면 무슨 내용을 담았을까요?

'역사 속 인물 되어 보기'는 내가 직접 그 당시의 인물이 되어 일기를 쓰는 거예요. 한 사건 속에 등장하는 인물이 되어서 그날의 사건이 어떻게 일어나게 되었는지, 그 순간에 사람들은 무엇을 하고 있었는지, 그때의 심정은 어땠는지를 일기로 쓰는 것을 말해요. 이 방법은 우리가 평소에 쓰는 일기 쓰기와 별다른 차이점은 없어요. 역사적 사건을 일기의 소재로 삼았다는 것만 다를 뿐, 그날 있었던 일과 자신의 생각을 자세하게 써 내려가는 점은 같아요.

내가 직접 역사 속 인물이 되어서 일기를 쓰면 역사책에서는 잘 드러나지 않은 인물의 감정을 생각해 볼 수 있어요. 뿐만 아니라 역사 속 인물이 되려면 사건의 전개 과정을 자세하게 알아야 하기 때문에 더 깊이 있고 생생한 역사적 지식을 쌓을 수 있어요.

자, 그럼 1636년 조선 인조 14년에 일어난 병자호란을 소재로 학생이 쓴 일기를 엿볼까요?

지금까지 내 생에 이렇게 치욕적인 날은 없었다. 아니, 미래에도 이런 날은 다시 오지 않을 것이다. 청나라의 10만 군대를 당해 내기란 역부족이었다. 이렇게 추운 겨울에 청나라가 쳐들어올 줄 그 누가 알았던가.

신하들은 '청나라와 맞서 싸워야 한다'와 '외교 관계를 맺어야 한다'는 두 가지 의견으로 갈려 매일같이 다투기만 했다. 임금으로서 정세를 바로 보고 올바른 판단을 내렸어야 했는데, 나 역시 무엇이 옳은 것인지, 어떻게 하는 것이 백성들을 편안하게 살게 하는 것인지 잘 알지 못했다.

결국 나는 청나라에 항복하고 삼전도에서 청 태종의 신하가 되겠다는 굴욕적인 의식을 치렀다. 조선의 임금으로 이런 수모를 겪은 것도 수치 스럽지만, 나와 조정 때문에 수많은 백성들이 죽고 다친 것을 생각하니 더욱 마음이 아프다.

오늘의 일로 임금은 백성을 위하고 백성의 뜻을 살펴야 한다는 옛 성인 의 말을 뼛속까지 새기게 되었다. 하지만 한편으로는 청나라에 복수하고 자 하는 마음이 생기는 것을 막을 수 없다.

언젠가는 이 치욕을 갚고야 말리라.

물음표일기 쓰기

물음표일기, 처음 듣는 일기라고요? 그래요, 물음표일기는 아 직까지 널리 알려지지 않았어요. 하지만 물음표일기를 써 본 친 구들은 물음표일기의 좋은 점을 잘 알고 있을 거예요. 그럼, 여기 서 잠시 물음표일기가 무엇인지, 어떻게 쓰는 것인지 살펴보기로 해요.

물음표일기란 말 그대로 의문문으로 쓰는 일기를 말해요. 의문문은 반드시 물음표로 끝나기 때문에 일기의 문장 형식을 빗대어 물음표일기라고 하는 거예요.

우리는 보통 일기를 이렇게 쓰죠.

오늘 낮에 은호, 예원이와 함께 영화를 보러 갔다.

하지만 물음표 일기는 이렇게 써요.

왜 나는 오늘 영화를 보러 간 걸까?

내일도 시간이 많은데 오늘 본 이유는 무엇일까?

은호가 한 번 본 영화를 또 보러 간 이유는 무엇일까?

영화가 너무 재미있기 때문일까?

아니면 예원이 때문에 따라온 것일까?

물음표일기 쓰기 방법을 따라서 일기를 쓰다 보면 당연하게 여겼던 행동의 이유를 생각하게 되죠. 물음표일기를 역사와 접목시키면, 왜 그럴까? 하는 궁금증이 역사적 사건이 벌어진 원인과 결과를 더 깊게 생각하게 해 줘요. 또한 사건 속에 등장하는 인물들의 생각과 감정을 짐작하여 역사를 실감나게 이해하는 데 도움을 주죠.

제목 : 팔만대장경은 왜 만들었을까?

팔만대장경은 왜 만들었을까?

팔만대장경을 만드는 데에는 몇 사람이 필요했을까?

그 사람들은 어떤 생각으로 팔만대장경을 만들었을까?

정성을 들이면 부처님이 몽골의 침략에서 벗어나게 해 주실 거라고 생각했을까?

부처님의 힘을 빌리기 위해 정성을 많이 들였겠지만, 혹시 틀린 글자는 없었을까?

팔만대장경을 만드는 시간과 노력을 몽골과 싸우는 데 들이는 것이 더 낫지 않았을까?

팔만대장경은 정말 팔만 개로 이루어져 있을까?

팔만 개가 아니라면 왜 팔만대장경이라고 하는 것일까?

팔만대장경은 왜 나무로 만들었을까?

나무로 만들면 썩거나 뒤틀리지는 않을까?

썩거나 뒤틀리지 않도록 하는 기술이 있지 않았을까?

오랜 세월 동안 팔만대장경이 보존될 수 있었던 이유는 무엇일까?

신문 기사로 나타내기

텔레비전이나 라디오가 생기기 전에는 신문이 새 소식을 전하는 데 큰 역할을 했답니다. 물론 요즘에는 인터넷을 통해서 새로운 소식을 쉽게 접할 수도 있어요. 하지만 신문이 생기기 전의 백성들은 나라에서 벌어지는 일들을 잘 알지 못했어요.

우리나라 최초의 근대적 신문은 1883년에 창간된 〈한성순보〉라고 해요. 하지만 한성순보는 일반 국민들이 볼 수 있는 신문은 아니었어요. 그런 면에서 보면 최초의 민간 신문은 1896년 4월부터 시작된 〈독립신문〉이라고 볼 수 있지요. 그럼 신문이 없었던 시대로 돌아가 당시의 역사적 사건을 기사로 만들어 백성들에게 알려 줄까요? 재미있겠다고요? 신문기사는 기사 제목과 본문으로 이루어져 있어요. 마지막에는 쓴 사람의 이름이 나타나 있어요. 사람들의 궁금증을 풀어 주는 기사가 되려면 6하 원칙에 따라 기사를 쓰는 것이 좋답니다. 앞에서 6하 원칙에 따라 사건을 정리하는 연습을 했지요? 역사적 사건을 본격적으로 신문 기사로 나타낼 때에는 사람들의 눈길을 끌 만한 제목과 더 상세한 내용이 들어가야만 해요.

30년 만에 봉덕사에 종소리가 울리던 감격의 순간!
지난 12월 ×일 성덕대왕신종이 봉덕사에 설치되었다. 높이가 3.75m,

지름이 2.27m, 무게가 18.9t 이 되는 이 종은 제작 기간만 무려 30년이 걸렸다. 우리나라 역사상 30년에 걸쳐 만들어진 종은 성덕대왕신종이 처음이라고 한다. 혜공왕은 성덕대왕의 손자로, 아버지 경덕왕이 성왕인 성덕대왕의 공덕을 기리고자 만들기 시작한 종을 성덕대왕신종으로 완성했다. 성덕대왕신종은 제작 기간이 가장 오래 걸렸을 뿐만 아니라 크기 또한 지금까지 만들어진 종 중에서 가장 위대하다고 제작에 참여한 봉덕사의 주지 스님이 전했다. 봉덕사에 종이 걸리는 모습을 지켜보던 혜공왕은 30년간의 지난 세월이 떠오르는 듯 감회에 젖은 모습이었다.

성덕대왕신종의 가장 특별한 아름다움은 울림의 여운으로, 종을 한 번

치면 울림의 여운이 무려 1분 이상 지속된다고 한다. 이것은 다른 종보다 5배 이상 긴 여운으로 밝혀졌다.

성덕대왕신종의 탄생으로 우리나라의 불교문화가 더욱 번영하고 왕의 효심을 배우는 백성들이 많아지기를 기대한다.

771년 12월 ×일 ○○○ 기자

마인드 맵핑으로 나타내기

마인드맵(mind map)은 우리말 그대로 풀이해 '생각의 지도'라고 말할 수 있어요. 또한 마인드맵의 모양을 빗대 '생각 그물'이라고 하기도 해요. 마인드맵을 그리고 나면 그 모양이 지도나 그물처럼 생긴 것을 알 수 있을 거예요. 마인드맵은 창의력과 사고력을 향상시키기 위해 영국의 토니 부잔이 고안한 두뇌 개발 기법이에요. 우리나라에도 많이 소개가 되어 대부분의 학생들이 한 번쯤 들어봤거나 직접 해 보았을 거예요. 그럼 마인드맵을 그리는 방법을 자세히 알아볼까요?

먼저 노트 한가운데에 정리하려는 주제 단어의 핵심 이미지를 그려요. 그리고 큰 줄기가 되는 가지를 몇 개 그린 뒤 그 가지와 관련된 단어를 적고, 연이어 작은 가지를 그려나가는 거예요.

마인드맵을 그릴 때는 핵심 단어와 이미지를 사용하기 때문에 많은 내용을 한눈에 보기 쉽게 정리하고 기억하는 데 큰 도움을

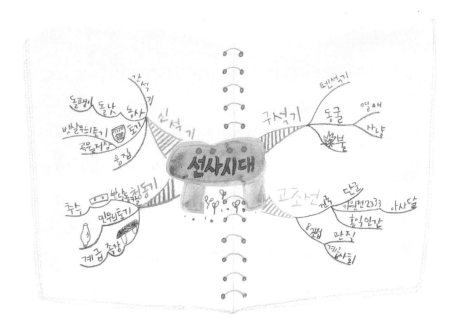

쥐요. 또한 내용에 맞는 창의적인 이미지와 단어를 생각해야 하기 때문에 여러분의 사고력 발달에도 효과적이에요.

마인드맵으로 역사일기를 만들 때에는 한 시대를 정리하거나, 시대별로 역사적 사건을 비교할 때 매우 유용하겠죠?

만화로 나타내기

이번에 소개할 방법은 역사일기를 만화로 나타내기에요. 만화는 누구나 좋아하는 방법이랍니다. 요즘에는 만화 그리기 대회를 하는 학교가 많아 낯설지 않을 거예요.

만화는 4컷이나 6컷으로 나눠 그린 그림에 줄거리(스토리)를 담아야 해요. 다시 말하면 이야기를 시작하고 전개하고 마무리를 하는 구성이 있다는 거죠. 만화 그리기를 좋아하는 친구라면 만화로 나타내는 역사일기 쓰기가 훨씬 쉬울 거예요. 만화 그리기를 좋아하지 않는 친구라도 금방 재미있게 할 수 있는 것이 바로 만화랍니다. 요즘에는 좋은 학습 만화가 많아서 많은 어린이들이 만화를 즐겨보는데, 어린이들이 유독 만화를 좋아하는 이유가 무엇일까요? 아마도 재미있는 그림과 글이 함께 있어서 내용을 이해하기 쉽기 때문일 거예요.

시로 나타내기

우리는 어떠한 사건을 겪고 나서 감정의 변화와 수많은 생각들을 맞이하게 돼요. 그럴 때에는 자신의 생각과 느낌을 표현할 도구가 필요해요. 이번에는 역사적인 사건을 통해 얻은 생각과 느낌을 멋지게 시로 나타내는 방법을 소개할게요.

역사일기를 시로 나타내기 위해서는 먼저 시의 소재를 찾아야 해요. 소재는 역사적 사건이나 사건과 관련된 인물이 겪었던 경험이나 생각이 될 수 있어요. 소재를 선택했으면 제목을 정하고 시를 쓰는 것이 좋아요. 시를 완성하고 나면 제목을 다시 한 번 살펴보세요. 시의 내용과 어울리는지, 시에 나의 생각이나 느낌을 잘 표현하는지를 살펴본다면 훨씬 멋진 시가 탄생할 거예요. 그리고 시와 어울리는 그림도 그려 넣으면 멋진 시화가 됩니다.

먼 역사 속 오늘을 글감으로 쓰기

여러분이 잘 아는 3·1절은 언제 일어난 일일까요? 너무 쉬운 질문이라고요? 맞아요, 1919년 3월 1일에 일어난 일이기에 3·1절이라고 해요. 우리나라는 3월 1일을 국가 기념일로 정해 매년 3월 1일이 되면 일본에게 강제로 점령당한 우리나라가 조국의 독립을 선언했던 만세 운동 정신을 기념하고 있어요. 우리나라 국가 기념일의 대부분은 당시에 그 일이 일어난 날짜로 정해 놓았어요. 한

글날은 한글이 창제되고 선포된 날로 알려진 10월 9일을, 광복절은 일본의 강제 점령으로부터 해방된 날인 8월 15일을 기념일로 정해 놓은 것처럼요.

이렇게 기념일로 정한 날의 사건뿐만 아니라 모든 사건들에는 그 사건이 일어난 날이 있어요. 과연 과거의 오늘 날짜에는 무슨 일이 일어났을까요? 궁금하지 않나요? 오늘 일어난 사건을 찾는 가장 쉬운 방법은 바로 달력을 살펴보는 것이예요. 3·1절, 4·19혁명기념일, 5·18민주화운동기념일, 6·25사변일 등은 달력에서 쉽게 찾을 수 있어요. 그밖에 기념일로 지정되지 않은 날에도 역사적 인물의 출생일을 비롯해 역사적으로 의미 있는 날이 많아요. 인터넷을 이용하면 사건의 상세한 정보도 쉽게 얻을 수 있어요. 과거의 신문 기사를 보여 주거나 과거의 오늘의 정보를 알려 주는 인터넷 사이트도 있답니다.

오늘은 4·19혁명 기념일이다. 4·19혁명기념일이 무슨 날인지 궁금해서 아버지께 여쭤 보았다. 아버지께서는 이승만 대통령의 독재 정치가 1960년 4월 19일에 모인 학생들과 시민들에 의해서 끝나게 된 날이라고 말해 주셨다. 그리고 나머지는 나보고 직접 알아보라고 하셨다.
아버지의 말씀을 듣고 보니 궁금한 것들이 많았다. 이승만 대통령이 무슨 잘못을 했는지, 독재가 무엇인지, 얼마나 많은 사람이 모였기에 대통령이 항복했는지도 궁금했다.

1시간이 넘게 역사책과 인터넷을 찾아보며 알아보았다. 그리고 그동안 알지 못했던 우리나라 최초의 대통령, 이승만 대통령의 잘못을 알게 되었다. 자기 마음대로 정치를 하려는 것을 독재 정치라고 하는데, 이승만 대통령은 부정한 방법으로 대통령 선거에 당선된 뒤 부정 선거에 항의하는 학생들과 시민들에게 최루탄 가스를 쏘고 깡패를 동원해 때렸다. 1960년 4월 19일에는 총까지 쏘아 수많은 사람을 죽게 하고 다치게 했다. 어떻게 같은 국민을 총을 쏘아 죽일 수가 있을까? 어린 나도 이렇게 화가 나는데, 그 당시의 국민들은 얼마나 화가 났을까?

결국 자신이 물러나야 사태가 끝난다는 것을 안 이승만 대통령이 자리에서 물러났다. 국민들의 힘으로 독재 정치를 멈추게 한 4월 19일을 많은 사람들이 기억하고 싶을 것이다. 작년에는 아무것도 모른 채 4월 19일을 보냈지만 올해는 오늘이 뜻깊게 다가온다.

3. 역사 속을 마음껏 뛰어다녀요

타임머신을 타고 과거로 날아가 역사일기 쓰기

시간을 여행할 수 있는 타임머신이 있다면 얼마나 좋을까요? 항상 공부하라고 잔소리 하는 엄마의 초등학교 시절로 돌아가서 엄마는 공부를 열심히 했는지 확인해 볼 수도 있고, 미래로 가서 어른이 된 나는 무엇을 하고 있는지 궁금증을 풀수도 있고요. 실제로 타임머신은 존재하지 않지만 우리의 상상력으로 충분히 성능 좋은 타임머신을 만들어 낼 수 있답니다.

이번에 소개하는 방법은 바로 상상의 타임머신을 이용하는 방법이랍니다. 타임머신을 타고 과거로 날아가는 거예요. 그러면 내가 원하는 곳으로 어디든 갈 수 있답니다. 동굴 속에서 살던 구석기 시대의 사람들을 만날 수 있고, 화살이 비 오듯 쏟아지는 신라와 백제의 전쟁터에도 가 볼 수 있어요. 역사 속 인물에게 말을 걸며 참견할 수도 있고, 큰 고민과 실패감에 빠져 있는 역사

속 인물에게 내가 알고 있는 결과를 말해 주며 용기를 불어 넣을 수도 있겠지요. 이렇게 일기를 쓰면 재미가 있을 뿐 아니라 역사적 인물의 행동을 잘 이해할 수 있게 된답니다.

지난 여름, 수원에 계신 고모 댁에 놀러갔다가 화성의 정교함과 아름다움에 반했다. 그래서 타임머신을 타고 어디를 가 볼까 궁리하다가 이번엔 화성을 선택했다.

나는 지금 타임머신을 타고 1796년, 한창 공사가 진행 중인 화성 앞에 와 있다. 타임머신을 타도 멀미는 하나 보다. 화성에 도착하고 10분 동안 멀미가 나서 나무 그늘 밑에서 잠시 누워 있었다.

수원은 화성을 쌓는 공사로 분주했다. 며칠 전 정조 임금도 직접 공사 현장을 방문했다고 한다. 많은 사람들이 땀을 뻘뻘 흘리며 일하고 있는 현장 속에 한 사람이 눈에 띄었다.

선비인 것 같기도 한데, 이상한 기계 앞에서 팔을 걷어붙이고 이리저리 왔다 갔다만 하는 것이었다. 저 사람이 누굴까, 한참 생각하다 보니 떠오르는 사람이 있었다. 바로 정약용이었다. 거중기를 발명해서 화성을 쌓았다는 사람이다.

정약용에게 살며시 다가가 도르레의 원리를 설명하면서 아는 척을 좀 했더니 정약용이 나에게 관심을 가져 주었다. 정약용은 거중기를 매우 자랑스러워했다. 애초에 공사 기간을 10년으로 잡은 화성이 3년이 채 되

지 않아 완성되어 간다면서 말이다. 거중기 한 대만 있으면 수십 명이 들어야 하는 무거운 돌도 한두 사람이 거뜬히 들 수 있다고 했는데, 실제로 확인해 보니 그 이상이었다. 그만큼 백성들은 더 편하게 일할 수 있으니 좋을 것 같았다. 또한 거중기를 이용하면 화성을 쌓는 데 드는 돈이 크게 절약된다고 한다.

정약용을 실제로 만나 보니 옆집 아저씨 같은 온화한 얼굴을 하고 있었다. 관직에 욕심내기보다는 백성들의 생활을 편리하게 만들려고 했던 마음이 얼굴에서 드러나 보였다.

'만약 ~했다면'으로 일기 쓰기

누구나 살면서 후회되거나 아쉬웠던 순간들이 있을 거예요. 달리기 경기에서 간발의 차이로 상을 못 받은 친구라면 '만약 앞서 가던 선수가 넘어졌다면 내가 상을 받았을 텐데.' 하는 아쉬움이 생겼을 거예요. 그림 그리기를 좋아해서 화가가 된 사람은 이런 상상도 할 수 있어요. '내가 만약 그림을 잘 그리지 못했다면 지금은 무슨 일을 하고 있을까?'라고요. 이미 일어난 일이지만 그때의 상황이 조금 달랐다면 결과는 전혀 다르게 바뀌었을 거예요.

역사 또한 이미 일어난 사실이지만 재미있는 상상을 덧붙일 수 있어요. 바로 가정(假定)을 하는 것이죠. 실제 일어나지 않았지만 상상으로 상황을 바꿔 보는 거예요. 물론 가정을 할 때는 전혀 일어날 수 없는 일을 상상하기보다는 실제 일어날 법한 사실을 상상하는 것이 좋아요.

'만약 흥선대원군이 쇄국정책을 펴지 않았더라면.'

이것은 실제로 벌어진 사실과 반대로 가정한 것이에요. 조선 후기에 고종 임금의 아버지인 흥선대원군은 나이가 어린 고종 대신 실권을 잡고 정치를 했어요. 그리고 흥선대원군이 편 쇄국정책으로 우리나라는 서양과의 교류가 힘들어졌지요.

이렇게 이미 일어난 사실과 반대로 가정할 수도 있고, 일어나지 않은 사실을 일어난 것처럼 가정할 수도 있어요.

'만약~했다면'이라는 가정을 하며 역사일기를 쓰면 실제 벌어진 역사적 사건의 의미를 더 잘 이해할 수 있게 될 거예요. 또한 그 일이 당시에 얼마큼의 영향력을 가진 사건이었는지, 또 그 이후에 어떤 영향을 끼쳤는지 잘 알게 되죠.

제목 : 만약 선조 임금이 이이의 주장대로 10만 군사를 길러 냈다면

1592년 임진년에 우리나라는 일본에게 침략당했다. 전쟁 없이 평화로운 생활을 하던 우리나라는 그전에 아무런 준비도 하지 못했다. 일본이 20만의 대군을 거느리고 바다를 건너 임금이 있던 한양까지 올라오자 결국 왕과 조정은 평양으로 피난을 가야만 했다.

나라가 평화로울 때 전쟁을 대비한다는 것은 쉽지 않은 일이다. 하지만 선조 임금에게 나라가 태평할수록 군사를 훈련시키고 준비해야 한다고 말한 이가 있었다. 바로 율곡 이이다.

율곡은 10만 명의 군사를 훈련시킬

필요가 있다고 말했지만 선조 임금과 조정은 이이의 주장을 받아들이지 않았다. 만약 이이의 주장이 받아들여졌다면 어떻게 되었을까? 일본은 우리나라를 감히 침략할 생각조차 하지 못했을 것이다. 만일 일본이 침략했다 하더라도 잘 훈련받은 군사들이 용감히 싸워 일본을 물리쳤을 것이다.

전쟁이 7년이나 계속되는 동안 일본은 많은 사람을 죽이고 곡식과 물건을 빼앗아 갔다. 결국 우리나라는 스스로 일본을 물리치지 못해 명나라의 도움을 받았고, 나중에 명나라에게 그 빚을 다시 갚아야 했다.

우리에게 10만의 군사만 있었더라면 하는 아쉬움이 머릿속에서 떠나지 않는 하루다.

역사 속 인물과 현재를 여행하며 일기 쓰기

여러분이 살고 있는 세상을 보여 주고 싶은 사람이 있나요? 과거의 역사 속 인물들에게 그들의 노력 때문에 우리가 한층 나아진 삶을 살고 있다는 것을 보여 준다면 어떨까요? 세종대왕에게는 한글을 사용하는 우리의 삶을 보여 주고, 우리나라 독립을 위해 목숨 바친 안중근 의사에게는 이미 독립한 나라뿐 아니라 일본에 비해 하나 뒤질 것 없는 발전된 경제 모습을 보여 줄 수도 있겠지요. 생각만 해도 참 감동적이네요. 조금만 더 깊이 생각해 보면 현재의 많은 모습들은 우리 선조들이 이루려고 했던 꿈이었다는 것을 알 수 있어요. 이렇게 역사일기를 통해 역사 속 인물에게 그들이 간절히 바랐던 오늘을 보여 주는 거예요.

어떤 역사적 인물이냐에 따라 보여 주고 싶은 것이 달라질 수 있어요.

갑자기 굉음이 들리며 우리 집 마당에 무엇인가 떨어졌다.

'쿠웅~ 휙!'

잠시 후 연기와 함께 웬 사람이 서서히 나타났다. 당황스러웠지만 무섭지는 않았다. 이런 일이 오늘이 처음은 아니기 때문이다. 지난달에는 연기 속에서 나타난 세종대왕을 만났다.

"아저씨는 누구세요?"

"난 '만적'이라는 사람이다."

"혹시, 고려 시대 노비였던 그 만적인가요?"

"그래, 잘 알고 있구나. 노비가 뭔지는 아니?"

"그럼요, 양반 대신 집안일도 하고 심부름도 하는 사람 아닌가요?"

이런 대화들을 조금 나눈 뒤 나는 만적 아저씨와 함께 거리로 나섰다. 만적 아저씨는 지나가는 사람들을 가리키며 누가 양반이고, 누가 노비냐고 물었다. 나는 요즘 시대에는 그런 구분이 없다고 알려 주었다. 만적 아저씨는 무척 놀라워하면서도 믿기지 않는다는 표정이었다. 만적 아저씨는 무거운 가방을 들고 등교하는 학생들을 가리키며 저들이 노비가

아니냐고 묻기도 했다.

만적 아저씨는 그 당시의 권력자였던 최충헌의 노비였다고 말했다. 아저씨는 그 당시에 말하는 짐승 취급을 받으며 억울하게 살고 있었다고 한다. 그러다 노비 해방을 꿈꾸며 큰일을 한번 벌이려 했는데 실패해 죽음을 맞았다고 한다. 하지만 그 일로 노비와 천민에 대한 대접이 조금은 나아졌고, 이제는 이렇게 모두가 평등한 세상이 되었다. 아저씨 최고!

어떤 사람들은 우리가 당연하게 살고 있는 이 세상을 만들려고 평생 노력하다 죽었다고 생각하니 그 분들이 안쓰러워졌다.

주장하는 글로 나타내기

여러분은 초등학생들이 학교에 휴대전화를 가지고 다니는 것을 어떻게 생각하나요? 급한 일이 생길 수 있고 나쁜 사람들이 많으니 휴대전화쯤은 필수라고요? 아니면 학교에 공중전화가 있어서 필요하면 전화를 할 수 있고, 휴대전화를 가지고 있으면 수업에 방해가 될 뿐이니 가지고 다닐 필요가 없다고요? 어쨌든 초등학생의 휴대전화 사용에 대해서는 '필요하다'와 '필요하지 않다'는 주장으로 나눠지네요.

주장이란 어떤 일에 대한 자신의 의견을 근거를 대어 말하는 것을 말해요. 이번에 소개할 방법은 바로 주장하는 글로 역사일기를 쓰는 것이랍니다.

옛날 우리나라는 왕이 중심이 되어 정치를 폈지만, 신하들이나 선비들은 끊임없이 나라를 부강하게 만들기 위한 의견을 왕에게 건의했어요.

'귀족들이 가진 토지의 일부를 백성들에게 돌려주어야 합니다.'
'한자를 사용하지 말고 한글을 사용해야 합니다.'

여러 의견 중에는 받아들여진 것도 있고, 왕과 신하들의 토의 끝에 받아들여지지 않은 것도 있지요. 우리도 한번 역사 속의 신하가 되어 임금님에게 나의 의견을 주장해 볼까요?

'이성계가 위화도에서 군대를 돌려 위왕을 몰아낸 것은 정당한 일이다'.

'친일파는 정치와 관직에 있지 못하게 해야 한다.'

이렇게 어떤 사건에 대한 자신의 생각이나 주장을 담아 쓰는 방법이에요.

제목 : 한자를 사용하지 말고 한글을 사용해야 합니다!

전하, 미천한 제가 전하께 드리고 싶은 말씀이 있습니다. 바로 한글 사용에 관한 것입니다.

일찍이 세종대왕께서는 백성들을 사랑하시어 그들이 글을 모르고 하고 싶은 말을 제대로 표현하지 못하는 것을 안타깝게 여겨 한글을 만드셨습니다. 그런데 아직도 많은 관리들은 한글을 무시한 채 한자만을 고집하고 있습니다. 한글은 여자나 어린아이들이나 쓰는 글이라 하여 천하게 대접하고 있습니다. 이에 저는 한자를 사용하지 말고 한글만을 사용하자고 감히 아룁니다.

그 이유는 다음과 같습니다.

첫째, 한글은 한자에 비해 그 뜻을 전달하는 데 조금도 뒤지지 않습니다. 중국의 한자는 음과 뜻이 달라 읽고 쓰기가 어렵지만, 한글은 누구나 쉽게 배울 수 있을 뿐 아니라 뜻의 전달이 확실합니다.

둘째, 한글 사용은 백성들을 깨우치고 가르치는 데 매우 효과적입니다.

어리석은 백성들은 한자를 어려워하여 공부하기를 즐기지 않지만, 한글은 어린아이라도 쉽게 배울 수 있어 전하의 뜻을 쉽게 전달할 수가 있습니다. 그렇게 되면 한글을 통해 임금님께 충성하는 백성으로 잘 가르칠 수 있을 것입니다.

세종대왕께서도 이런 생각을 가지고 계셨지만 몇몇 신하들의 반대에 부딪혀 뜻을 이루지 못하셨습니다. 하지만 전하께서 생각을 한 번 더깊이 하시어 백성들을 위하는 길을 실천하시기를 감히 아뢰옵니다.

재판하기

우리나라는 법에 의해 통치되는 법치 국가예요. 법에 어긋난 행동을 하면 법원에서 재판을 받게 되는데, 옳고 그름을 따져 판단하는 것을 재판이라고 하죠. 이번에 소개할 방법은 바로 재판하기예요. 여러분이 역사적 인물의 행동에 대해서 재판을 하는 것이죠. 재판에서는 조금 전문적인 용어를 사용해요. 재판을 받는 사람은 피고인이라고 하고, 피고인의 죄를 증명하려는 사람을 검사, 피고인이 죄가 없음을 증명하는 사람을 변호인이라고 해요.

죄를 지어서 재판을 받는 경우도 있지만 사람 사이의 갈등이 해소되지 않아 재판을 신청하는 경우도 있어요. 지금은 법원에서 재판을 하지만 법원이 없었던 과거에는 어디서 어떻게 재판을 했을까요? 바로 각 고을의 수령들이 직접 재판을 했답니다.

고을 수령이 되어 역사적 사건이나 인물의 행동에 대해 재판하는 글을 쓰면 그 사건이 발생한 원인과 문제점을 생각해 볼 수 있어요. 판사가 되어 판결문을 쓰는 방법도 있고, 사건 내용을 정리하고 검사와 변호인의 의견을 차례로 쓰는 방법을 사용해도 좋습니다.

피고인 : 고려 시대 무신 정중부

사건의 내용 : 1170년(의종 24년) 8월 마지막 날, 무신이었던 정중부는 군

사들을 거느리고 수많은 문신 귀족들을 죽이고 의종을 쫓아냈다.

검사 의견 : 정중부는 신하임에도 불구하고 왕의 관리들을 죽였습니다. 심지어 왕까지 쫓아내고 자기가 정권을 잡아 마음대로 사람들을 관직에 앉혔습니다. 정중부 때문에 왕권이 약해져 후일 몽고의 침략에도 제대로 대처하지 못했기에, 그 죄가 매우 큽니다.

변호인 의견 : 사실 정중부는 참을 만큼 참다가 큰일을 거행한 것입니다. 그동안 문신 관리들이 무신들을 괄시하고 모욕한 일이 셀 수 없이 많이 있었습니다. 게다가 권력을 잡고 있던 문신들은 백성들의 피와 땀인 땅을 빼앗고 무거운 세금만 거뒀는데, 정중부 덕에 이런 문신들의 잘못을 바로 잡을 수 있었습니다. 따라서 정중부는 오히려 나라를 위해 좋은 일을 한 것입니다.

연극 대본으로 만들기

여러분도 연극을 좋아하나요?

학교 학예회 때 빠지지 않고 공연하는 것이 바로 연극이에요. 연극을 하기 위해서는 반드시 대본이 필요해요. 연극에 사용되는 대본을 희곡이라고 부르는데, 우리가 잘 아는 《로미오와 줄리엣》,

《햄릿》, 《베니스의 상인》 등을 지은 영국의 셰익스피어가 바로 세계적으로 유명한 희곡 작가예요. 배우들은 바로 대본을 보고 자기가 할 대사와 행동을 외워요. 역사일기의 마지막 방법으로 소개하려는 것이 바로 역사 사건을 연극 대본으로 만들기랍니다.

연극 대본에서 꼭 필요한 요소는 해설과 지문, 대사예요. 해설은 사건의 때와 장소를 알려 줄 뿐만 아니라 대사로 나타낼 수 없는 상황을 설명해 줘요. 지문은 괄호를 써서 나타내는데, 배우의 행동을 지시할 때 사용해요. 대사는 희곡에서 가장 중요한 요소이기 때문에 등장인물들의 대사를 통해 사건을 펼쳐 나가지요.

2011년 6월 15일   6학년 장정석

때 : 구석기 시대

장소 : 동굴 앞

등장인물 : 원시인1, 원시인2, 원시인3

해설 : 늦은 여름, 갑자기 시커먼 구름이 뭉치더니 조금씩 비가 오기 시작했습니다.

원시인1 : 이게 갑자기 무슨 일일까?

원시인2 : 무슨 일이긴, 비가 오는구먼. 비에 젖지 않게 얼른 몸을 피하는 게 좋겠어.

해설 : 그때 갑자기 번개와 함께 요란한 천둥소리가 들렸습니다.

원시인3 : (깜짝 놀라 뛰어오며) 동굴 앞에 무슨 일이 난 거지?

원시인1 : 나무에 뭔가 큰일이 났소. 누가 한번 만져 보고 오는 게 어떻
겠소?

원시인2 : (나무에 조심스럽게 다가가 손을 대며) 앗, 뜨거워 이게 뭐지?

원시인3 : 뭔지는 모르겠지만 불현듯 나타났으니 '불'이라고 부르는 게
어떻소?

원시인2 : 불이라……, 좋군. 일단 동굴로 가져가 보세.

해설 : 원시인들은 조심스럽게 불을 동굴로 옮겼습니다. 그러자 동굴이
환해지고 따뜻해지기 시작했습니다.

원시인1 : 여보게, 이 불은 우리 생활에 참 많은 도움이 될 듯 하오. 눈이 오는 겨울에도 몸을 따뜻하게 해 주고, 이 불이 있으면 동물들도 쉽게 우리 곁으로 오지 못할 것 같소.

원시인2 : (감탄하며) 아! 그렇겠군. 그렇다면 이 불을 깨뜨리지 않는 방법을 궁리해 보세.

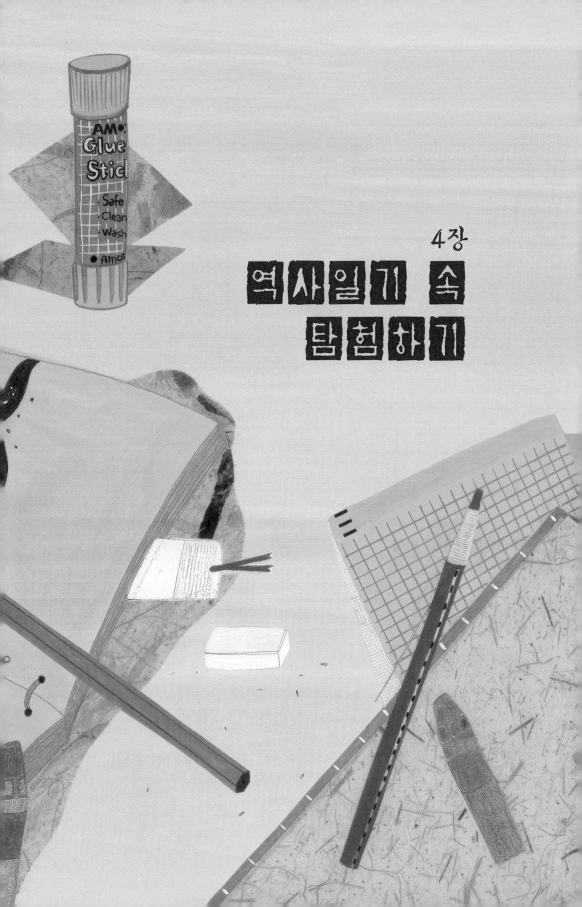

바다의 왕자 장보고

2010년 12월 8일   5학년 김경주

아침에는 찬물로 등목을 하는 것처럼 추웠지만 낮에는 따뜻한 손난로를
품고 있을 때처럼 따뜻했다.

오늘의 교훈 : 장보고는 당나라에서 승승장구하며 높은 벼슬을 가질 수
있었지만 해적 때문에 조국의 백성들이 고통 받는 것을 보고 안락한 삶을
포기했다. 나 하나만을 생각하며 살지 않고 주변을 돌아볼 줄 아는 마음
을 길러야겠다. – 17:30~18:40

〈선생님의 조언 한마디!〉
장보고를 만난 적군의 놀란 얼굴까지 표현했다면 장보고의 활약이 좀 더
실감나게 드러날 것 같아요.

108

삼국 시대 비교 분석!

2011년 2월 13일   6학년 이정민

눈물이 흐르는 대로 얼어 버릴 것 같이 추운 날.

오늘의 교훈 :

삼국 시대를 비교하면서

각 나라마다 전성기를 이룬

왕이 있다는 것을 알았다.

왕이 통치력을 어떻게

발휘했느냐에 따라

나라가 흥하기도 하고

망하기도 한다. 학급의 임원으로서

어떤 자세로 임해야 할지 생각하게 되었다. – 19:40~20:40

〈선생님의 조언 한마디!〉

마인드맵으로 삼국의 전성기와 도읍지, 대표적인 유물을 잘 비교했네요.

중심 이미지도 잘 표현했어요. 단지 단어 대신 그림으로 표현한 것이 없어

아쉬워요. 마인드맵에 그림이 많을수록 더 오래 기억된답니다.

친일파는 모두 공직에서 물러나야 한다

2010년 8월 15일   5학년 유시원

해방의 뜨거움을 다시 맛보게 하려는 듯 온종일 태양은 너무나 뜨거웠다.

1945년 8월 15일은 우리나라가 일본으로부터 독립한 역사적인 날이다. 일본으로부터 해방되기 전 우리나라는 수십 년 동안 일본에게 강압적인 지배를 받았다. 그때 우리나라를 이끈 공직자들은 모두 일본인이거나 일본에 협력한 친일파 한국인이었다. 특히 그 당시 경찰은 일본의 앞잡이 역할을 하며 독립운동을 한 사람들을 잡아들여 고문까지 했다. 그런데 해방을 하고도 이런 사람들이 대부분 그대로 공직에 있었다고 한다. 나는 친일파는 모두 공직에서 물러났어야 한다고 생각한다.

첫째, 친일파가 공직에 있으면 친일파를 척결할 수가 없다.

우리나라의 독립을 방해한 이들이 벌 받지 않고 일본을 도운 대가로 얻은 재산과 지위를 그대로 가지고 있다면 공평하고 바른 사회가 될 수 없다. 실제로 해방 후에는 친일파를 처벌하려는 반민족행위특별조사위원회가 생겼지만, 친일파 경찰들에게 습격을 받아 제대로 일을 할 수가 없었다.

둘째, 친일파 공직자는 나라의 많은 일들을 양심적으로 운영할 수 없다.

공직자는 자기의 사사로운 이익보다는 나라의 이익을 위해서 일해야 한다.

110

하지만 친일파는 자기의 이익에 따라서 우리나라를 배신하고 일본 편에 섰던 사람들이다. 이런 사람들이 공직에 있으면 우리나라는 발전하기보다 후퇴할 것이다.

오늘의 교훈 : 잘한 것과 잘못한 것을 분명하게 구별하지 않고 대충 넘어간다면, 힘들여 좋은 일을 할 사람들이 줄어들 것이다. 잘못을 했으면 정직하게 말하고 뉘우쳐야 한다. − 21:30∼22:30

〈선생님의 조언 한마디!〉
해방 이후의 역사적 상황을 공부한 뒤, 해방 후에도 친일파가 공직에 남아 있는 것에 대한 자신의 생각을 주장하는 글로 잘 나타났어요. 역사를 통해 배운 교훈을 앞으로 자신의 삶에 적용해 보는 것도 좋을 것 같아요.

문익점이 중국에서 목화씨를 가져오지 않았다면

2011년 1월 22일   6학년 이환휘

아침부터 어찌나 춥던지 집 안에서 꼼짝도 하지 않고 있었다. 그러다 엄마가 사 준 새 옷을 입고 싶어 잠깐 밖으로 나갔다가 곧 후회했다. 귀가 너무 시렸기 때문이다.

엄마가 새로 사 준 두터운 외투를 입고 밖에 나가서 추위에 떠는 동안, 옛날 사람들은 어떻게 추운 겨울을 버텼을까 하는 생각이 들었다. 만약 그때 무명옷이 없었다면 어땠을까?

우리나라는 고려 시대에 문익점이 중국으로부터 목화씨를 들여온 이후로 일반 백성들이 목화에서 얻은 솜으로 무명옷을 지어 입고 겨울을 따뜻하게 보낼 수 있었다. 문익점이 목화씨를 들여오기 전에는 많은 백성들이 여름에 입던 모시와 삼베를 그대로 입고 겨울을 났다고 한다. 시골에 계신 할아버지가 통풍이 잘 된다고 좋아하는, 그 삼베옷을 겨울에도 입어야 했다니, 생각만으로도 온몸에 소름이 돋았다. 아마 삼베옷은 열 벌을 겹쳐 입어도 몸 안으로 바람이 숭숭 들어왔을 것이다.

아마 문익점이 중국에서 목화씨를 가져오지 않았다면 우리나라 백성들은 계속 험난한 겨울을 보냈을 것이고, 많은 사람들이 추위로 목숨을 잃었을 것이다. 문익점이 아닌 다른 누가 목화씨를 들여와 우리 땅에 목화 재배를 성공하기 전까지 말이다. 그렇게 생각해 보면 문익점은 수많은 사람들을 죽음에서 구한 위대한 인물이 아닐 수 없다.

오늘의 교훈 : 문익점이 중국에서 몰래 들여온 목화씨가 우리나라 사람들의 의복 생활에 큰 변화를 가져왔다. 한 사람의 작은 행동이 여러 사람에게 큰 도움이 될 수도 있다는 것을 알았다. 작은 행동이라도 다른 사람에게 도움을 주는 그런 일을 해야겠다. – 20:00~21:10

〈선생님의 조언 한마디!〉
목화씨 하나로 바뀐 우리나라의 의복 혁명을 '만약 ~했다면'이라는 가정을 통해 잘 드러냈어요. 이렇게 한 사람의 업적을 가정을 통해 들여다보면, 그 업적이 오늘날 우리에게 어떤 도움을 주는 일인지 알게 됩니다.

비운의 황제, 고종을 만나다

2011년 1월 8일   6학년 이정민

간밤에 누가 하얀 눈을 내려 온 세상을 새하얗게 만들었을까?

안녕하세요? 이정민 기자입니다. 저는 우리나라 비운의 황제인 고종황제를 만나 인터뷰하기 위해 나와 있습니다.

 : 안녕하세요? 고종황제를 직접 만나 뵙게 되어 영광입니다. 먼저 자신의 정식 시호부터 말씀해 주실 수 있나요?

 : 제 정식 시호는 '고종통천융운조극돈정성광의명공대덕요준순휘우모탕경응명기지화신외훈홍업계기선력건행곤정영의홍휴수강문헌무장인익정효태황제'입니다. 헉헉, 힘드네요.

 : 이 긴 걸 외우시다니, 전 그냥 고종이라고 줄여서 부르겠습니다. 그러면, 자신이 이룬 가장 큰 업적은 무엇이라고 생각하시나요?

 : 음. 업적이라고 말할 수 있는 것은 제2차 만국평화회의에 특사 이상설, 이준, 이위종을 보낸 것 정도가 되겠네요. 사실 저는 황제로서 너무 부끄럽습니다.

 : 자신의 업적이 만족스럽지 못하다는 것인가요?

: 네. 전 명성황후가 일본의 자객에게 시해될 때 지켜 주지 못했고, 그 뒤 1년 동안 러시아 공사관으로 피신해 지냈으니까요.

 : 이런 질문을 드려 죄송합니다만, 명성황후께서 돌아가셨다는 이야기를 들었을 때 기분이 어떠셨는지요?

 : 그때는 정말 눈앞이 캄캄했습니다. 함께 나라를 이끌던 저의 든든한 지원자이자 소중한 아내가 죽었다니, 믿을 수가 없었습니다.

 : 굉장히 슬프셨겠군요. 마지막으로 후손들에게 해 주고 싶은 말씀이 있나요?

 : 불의에 용기 있게 부딪쳐 싸우라고 말해 주고 싶어요. 저처럼 비겁하게 살지 않았으면 해요.

오늘의 교훈 : 나라가 힘이 없으면 황제라도 다른 나라의 눈치를 보며 산다는 것을 알았다. 국력을 키우는 것이 얼마나 중요한지 깨달았다.

– 21:00～22:20

〈선생님의 조언 한마디!〉
고종황제의 업적에 대해서 자신의 의견을 솔직하게 잘 표현했어요. 하지만 고종의 업적이 조금은 과소평가되지 않았나 싶어요.

서희의 지혜로운 담판

2011년 5월 7일   6학년 서상우

학교 정원에 있는 갖가지 꽃들이 따스한 햇빛을 받으며 봄 향기를 물씬 내뿜은 날.

언제? – 고려 6대 왕인 성종 12년, 993년에

어디서? – 외교를 거부한 채 고려를 압박하는 적, 거란의 진영에서

누가? – 고려의 문관 서희가

무엇을? – 거란의 적장 소손녕과의 담판을

왜? – 위기에 빠진 고려를 구하기 위해서

어떻게? – 용감하게

6하 원칙에 따른 정리

성종 12년, 993년에 거란이 고려를 침략했다. 고려가 송나라와 가까이 지내며 거란을 배척한다는 것을 빌미로 삼아서였다. 전쟁에서 이길 힘이 없던 성종은 평양성을 버리고 후퇴하자고 했지만, 거란의 속셈이 고려의 영토를 뺏으려는 것이 아님을 눈치 챈 서희는 거란의 장수 소손녕을 만나 담판을 짓기로 했다. 서희는 소손녕에게 고려가 고구려를 이어받은 나라이

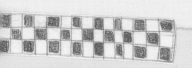

며 발해 역시 고구려를 이어받은 나라라고 설득했다. 평양성 북쪽은 고려 땅이라고 주장해 피 한 방울 흘리지 않고 압록강 동쪽의 6개의 주를 다시 돌려받을 수 있었다.

오늘의 교훈 : 서희가 소손녕과의 담판으로 큰 공을 세울 수 있었던 것은 상대방의 의도가 무엇인지를 잘 파악했기 때문이다. 내 입장만 생각하지 않고 상대방의 입장에서 생각하면 얻는 것이 많다는 것을 알았다.

— 21:00~22:20

〈선생님의 조언 한마디!〉

6하 원칙이 쉬워 보이지만 역사적 사건의 전개 과정을 잘 알지 못한 채 답을 하다 보면 엉뚱한 답을 할 수가 있어요. 이 글에서는 '어떻게'의 답변이 아쉽네요. '용감하게' 담판을 했다는 것도 틀린 것은 아니지만 이 사건에서 '어떻게'는 '거란 장수 소손녕에게 찾아가 거란이 물러가기를 설득했다.'라고 해야 정확하게 답했다고 볼 수 있겠어요. 사건을 여러 번 읽어 파악한 뒤 6하 원칙의 답을 해 보세요. 그러면 매끄러운 정리를' 할 수 있답니다.

차라리 신라의 개, 돼지가 되리라

2011년 2월 13일   5학년 김경주

아침에는 손발이 얼 것 같이 춥다가도 점심이 되니 언제 그랬냐는 듯이 따뜻해졌다. 하지만 저녁이 되자 또다시 차가운 바람이 심술을 부렸다.

오늘의 교훈 : 내 목숨과도 바꿀 수 있는 것은 무엇일까? 박제상은 왜국의 신하가 되면 큰 상을 주겠다는 왜왕의 제안을 받아들이지 않고, 목숨까지 버리면서 신라의 신하로 남길 고집했다. 나는 평소에 내가 옳다고 여기는 일에도 남의 눈치를 볼 때가 많았다. 앞으로는 옳다고 생각하는 일에 소신껏 행동해야겠다. – 20:00～20:45

〈선생님의 조언 한마디!〉

박제상은 왜국(일본)에 인질로 잡혀 있는 왕의 동생들을 구해오라는 어명을 받고 왜국에 가지요. 박제상은 인질들을 모두 고국으로 돌려보내지만, 왜국의 왕에게 붙잡혀 왜국의 신하가 되라는 권유를 받아요. 하지만 신라를 배신하지 않고 죽음을 맞이해요. 이러한 신라의 충신 박제상의 충절을 만화로 잘 나타냈어요. 인물의 표정이 상황에 적절하고, 말풍선의 대사 역시 내용을 잘 이해하고 썼네요.

안익태는 왜 애국가를 만들었을까?

2011년 3월 11일   5학년 강호연

아침엔 바람이 많이 불어 나뭇잎끼리 격투기를 하는 것 같았다. 하지만 오후에는 언제 그랬냐는 듯이 바람이 멈추고 따뜻해졌다.

애국가가 없던 때에는 외국 곡을 가사만 바꾸어 국가로 불렀다는데, 왜 국가를 외국 곡으로 정한 것일까?

우리나라에 잘 알려진 곡이라서 그런 것일까?

안익태는 왜 애국가를 만들 생각을 하게 된 것일까?

외국 곡에 가사만 붙여 부른 것이 이상했던 것일까?

일본의 식민지 지배를 받는 시기에 애국가가 필요한 이유는 무엇일까?

안익태는 일본 사람처럼 이름을 바꾸고 친일 활동을 했다던데, 왜 그가 작곡한 노래가 애국가가 된 것일까?

사람들은 그가 친일 활동을 한 것을 몰랐을까?

아니면, 알았는데도 가사와 곡이 너무 잘 어울려서 버릴 수가 없었던 것일까?

오늘의 교훈 : 안익태는 음악을 좋아하고 음악적 재주가 뛰어나서 우리나라에 없었던 애국가를 만들었다. 나도 안익태를 본받아 내가 좋아하거나 잘하는 것으로 우리나라에 도움이 되어야겠다고 생각했다.

– 20:00∼20:45

〈선생님의 조언 한마디!〉

물음표일기는 자칫하면 다양한 궁금점을 질문하기만 하다가 끝나는 경우가 생겨요. 이 친구처럼 남에게 묻는 질문이 아니라, 자신에게 묻는 질문을 적어 보는 것이 물음표일기랍니다.

하루 만에 일어난 을지문덕 장군의 살수대첩

2010년 8월 23일   5학년 민지희

해가 펄펄 끓어 머리 위에서 계란이 이글이글 구워질 것 같은 날.

승전보를 알려 드리겠습니다! 수나라군이 우리나라를 공격했다가 살수에서 을지문덕 장군이 이끄는 군대에게 크게 격파되었습니다. 30만 명의 수나라 대군 중 불과 2,700명만이 살아 돌아갔다고 합니다.

고구려와 수나라의 전쟁은 이번이 처음이 아니었습니다. 589년, 중국 대륙을 통일한 수나라의 문제는 고구려가 있는 동쪽으로 세력을 확장하려고 했습니다. 그러자 598년, 고구려가 전략의 요충지인 요서 지방을 먼저 공격했고, 수나라의 문제는 30만 대군을 거느리고 고구려를 치러 왔습니다. 하지만 수나라 군대는 장마와 질병에 시달리다 후퇴했습니다. 그로부터 14년 뒤인 올해, 양제가 수나라의 왕이 되어 118만 대군을 이끌고 고구려로 쳐들어 왔지만 진흙탕인 요택을 넘기란 쉽지 않았습니다. 요동성에 도착한 뒤에도 3달이나 지나도록 요동성의 굳건한 성문을 열지 못했습니다. 수나라는 별동대 30만 5천 명을 압록강 서쪽에 집결시킨 뒤 단숨에 평양성을 공격하려 했지만, 고구려의 명장 을지문덕이 치밀한 작전으로 수나라군을 살수로 유인했습니다. 을지문덕은 수나

라군의 별동대장인 우중문에게 오언시를 지어 보냈습니다.

"그대의 귀신 같은 꾀는 하늘의 이치를 꿰뚫고, 절묘한 계산은 땅의 이치를 통달하였도다. 전쟁에서 승리한 공이 높으니, 만족하고 그만 돌아감이 어떠한가."

결국 수나라군은 을지문덕 장군의 거짓 항복을 받고 수나라로 돌아가려고 했습니다. 하지만 지칠 대로 지친 수나라군은 살수를 건너는 도중, 우리 군에게 회심의 일격을 당하고 전멸했습니다. 그때 살수는 수나라군의 피로 붉게 물들어 적조가 일어나는 것 같았다고 합니다.

612년 8월 민지희 기자

오늘의 교훈 : 을지문덕 장군이 쓴 오언시는 을지문덕 장군에게도 해당되는 내용인 것 같다. 다른 장군이라면 생각하지도 못할 전략을 생각해 냈으니 말이다. — 20:00∼20:45

〈선생님의 조언 한마디!〉

신문 기자가 되어 쓸 수도 있지만 이 글처럼 방송 리포터가 되어서 글을 써보는 것도 좋은 생각이에요. 살수대첩의 원인과 과정 그리고 결과까지 잘 이해하고 일기를 썼네요.

가난하고 병든 자를 치료한 참 의사, 허준

2011년 2월 12일   5학년 임채연

어젯밤부터 내리기 시작한 눈이 집 앞에도, 도로 위에도 흰 솜사탕같이 가득 쌓여 있었다. 내일 모레면 이렇게 예쁜 솜사탕도 다 녹아 버리겠지.

내가 혜민국을 처음 세웠을 때 백성들을 무료로 진료할 수 있다는 사실만으로도 너무 뿌듯했다. 혜민국에 오는 사람들은 모두 가난한 백성이기 때문이다.

하지만 중국에서 들여오는 당약은 너무 비싸 백성들이 약 한 첩 지어 먹기가 어렵다. 목숨이 위태로워도 약을 구하지 못하는 사람들이 많다. 우리 주변에서 쉽게 구할 수 있는 약물 재료를 백성들이 알고 활용한다면 좋을 텐데……

옳거니! 우리나라 약재의 이름을 한글로 표기해 백성들이 스스로 처방할 수 있는 의술이 담긴 책을 만들자! 무역을 통해 들어온 모든 외국의 의서와 우리나라의 의서 중에서 백성들이 활용하기 좋은 의술만 골라 담은 의서를 만드는 거다. 쉬운 의서가 있으면 누구나 의술을 펼칠 수 있으리라!

조만간 그것을 현실로 이루리라. 《동의보감》이라 이름 지을 나의 의서가 후손들에게도 좋은 책으로 남았으면 좋겠다.

오늘의 교훈 : 허준이 돈이 없고 힘없는 백성들을 아끼고 사랑하는 것을 보며, 나는 가난과 병으로 고통 받고 있는 아프리카 아이들을 생각했다. 허준이 오늘날까지 훌륭한 사람으로 남은 것을 보니 나도 허준처럼 훗날에 좋은 사람으로 남고 싶다. – 16:30~17:20

〈선생님의 조언 한마디!〉

역사적 인물의 입장에서 인물의 업적이 잘 드러나도록 정리했네요. 허준이 왜 《동의보감》을 만들려고 했는지 시대적 상황과도 관련지어 깊이 생각해 본 후 쓴 글이라 완성도가 높아졌어요.

아름답고 신비로운 고려청자

2011년 1월 25일   5학년 배유진

주머니에서 손을 빼면 바로 손을 호호 불어야 할 정도로 추운 하루였다.

아름다운 고려청자

– 배유진

아름다운 고려청자

푸른 빛깔 맑은 빛깔

어여쁜 색시 같네.

조상의 멋

한껏 드러내고

아름다운 자태를 뽐내네.

좋은 흙 골라 내며

조심조심 빚은

고려청자.

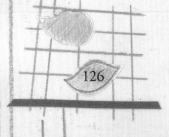

시간이 지나면

지날수록

아름다움 묻어나네.

오늘의 교훈 : 아름다운 고려청자가 대충 만들어졌다면 세계는 물론 우리나라에도 알려지지 않았을 것이다. 고려청자가 아름다운 이유는 만든 사람의 정성이 들어 있기 때문이 아닐까? – 19:20~20:10

〈선생님의 조언 한마디!〉

상감기법을 이용해서 만든 고려청자는 수준 높은 예술 작품이에요. 비색이라고 불리는 아름다운 색은 지금까지도 흉내 낼 수 없는 신비롭고 특유한 아름다움을 준답니다. 이러한 고려청자의 신비한 아름다움을 시로 잘 표현했어요. 고려청자가 유명한 이유가 무엇인지 다시금 생각해 보게 되었답니다. 이렇게 역사에 등장하는 중요한 유물들도 역사일기의 소재가 될 수 있어요.

단발령을 내린 일본을 어떻게 생각해야 할까?

2010년 11월 15일 6학년 임세령

찬바람이 쏠쏠 불어오는 가을 날씨.

오늘은 11월 15일. 단발령이 선포된 날이다. 달력에는 나와 있지 않지만 사회 시간에 배운 단발령이 선포된 날이 오늘이라는 것을 인터넷을 통해 쉽게 조사할 수 있었다. 그래서 오늘은 단발령에 대한 나의 생각을 정리해 보았다.

고종이 온 백성에게 시범을 보이려고 제일 먼저 머리카락을 짧게 자른 것이 이해되지 않았다. 나라의 왕으로서 백성들에게 민족의 자존심을 조금이라도 지키는 행동을 했다면 어땠을까?

지금은 아름다움과 청결을 위해 머리카락을 시시때때 자르지만, 옛날에는 머리카락 자르는 것을 불효로 여겼다고 한다. '신체발부수지부모'라는 말처럼 머리카락도 부모님이 주신 것이라고 생각했기 때문이다. 단발령 때문에 가짜 상투도 생겨났다고 하는데, 그것은 머리카락을 자르고 난 사람들이 주변 사람들의 시선을 의식했기 때문일 것이다. 어쨌든 옛날 사람들의 유교 정신은 대단했던 것 같다.

128

일본이 우리에게 일을 많이 시키려고 한복 대신 편한 몸빼 바지를 입게 했고, 단발령을 내려 상투와 머리를 땋지 못하게 했던 것을 어떻게 받아들여야 할까?

오늘의 교훈 : 지금은 머리카락 자르는 것을 대수롭지 않게 여기지만, 옛날에는 머리카락까지 소중하게 생각한 것으로 보아 우리의 조상들은 참 효녀, 효자인 것 같다. 당시에 일본 때문에 우리의 민족성이 훼손되었지만, 일본 덕분에 새로운 문화를 받아들일 수 있었던 점도 있다. 하지만 백성들의 뜻을 무시한 채 강제로 머리를 깎은 것은 옳지 않다고 생각한다. – 20:0 ~20:35

〈선생님의 조언 한마디!〉
단발령은 1895년 김홍집 내각이 실시했어요. 일본의 압력이 있었지만 우리 정부 스스로 결정한 일이었지요. 결국 많은 반대에 부딪혀 강제로 머리카락을 자르는 것은 사라졌어요. 단발령이 실시된 배경과 실패한 이유가 잘 드러났으면 더 좋았을 것 같네요.

독립신문의 창시자, 서재필

2011년 6월 8일   6학년 장서준

비가 올 듯 말 듯 흐린 날이다. 체육 수업이 있는 날이라 학교에 체육복을 입고 갔다. 비 때문에 체육 수업을 하지 못할까 봐 다른 수업을 듣는 내내 걱정이 되었다. 하지만 점심때가 되자 다행히 토끼 구름, 양 구름들 사이로 해가 쏙 나타났다.

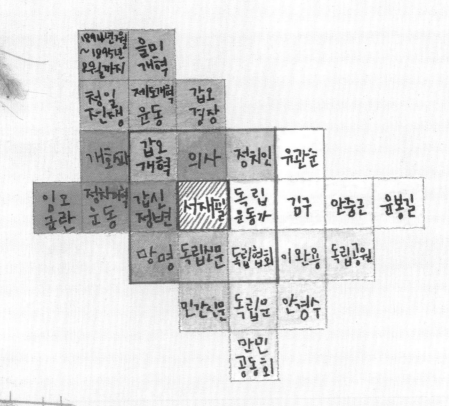

오늘의 교훈 : 일본의 탄압을 받으면서도 우리 땅, 우리 조국을 지켜야 한다는 일념으로 독립협회를 만들고 독립 신문을 발행해 우리나라 독립에 앞장선 서재필 선생님이 너무나 존경스러웠다. 우리나라가 어려움에 처하면 나는 어떻게 행동할해야 할까? ― 16:20~17:35

〈선생님의 조언 한마디!〉

창의적인 마인드맵을 생각해 냈네요. 마인드맵의 원래 방식과는 다르지만, 정사각형을 이용해 핵심 단어들을 쓰고 관련 단어를 같은 색으로 구분한 것은 매우 칭찬할 만해요. 이것을 응용하면 그림으로만 나타낼 수도 있고, 단어와 그림을 함께 섞어서 나타낼 수도 있겠네요. 물론 이렇게 하는 것도 좋지만 원래 방식을 잘 활용하는 것도 추천한답니다. 마인드맵을 하기 위해서는 일어난 사건과 상황을 핵심적으로 요약할 수 있어야 해요. 생각나는 대로 관련 단어를 이어가다 보면 사건이나 상황에 맞지 않는 단어로까지 가지를 뻗게 되어 오히려 정리가 되지 않고 복잡해질 수 있거든요.

지형을 이용한 전술! 봉오동의 승리

2010년 12월 12일   6학년 서상우

아침부터 흐릿하더니 5교시쯤에 첫눈이 내렸다. 눈을 처음 보는 것도 아닌데도 마음이 설레는 이유는 뭘까?

나는 독립 투쟁의 호랑이, 홍범도 장군의 오른팔이다. 우리는 홍범도 장군이 이끄는 의병과 포수들로 이루어진 대한독립군이라는 부대이다. 나는 그 중 실력이 조금 뛰어나서 홍범도 장군의 오른팔이 되었다.

1920년 홍범도 장군과 우리는 만주에서 무장 독립운동을 펼치다가 두만강을 건너 한반도로 와서 일본 경찰서와 관공서를 습격하고 다시 만주로 돌아가곤 했다.

그러자 일본군이 화가 났는지 우리를 공격했다. 오늘 아침 홍범도 장군은 일본군을 봉오동 입구로 유인하라고 나에게 임무를 주었다. 나는 독립을 위해 죽을 각오로 봉오동 입구에서 후퇴하는 척하며 골짜기 깊숙이 일본군을 유인했다. 홍범도 장군이 먼저 일본군을 향해 총을 쏘자, 매복해 있던 대한독립군은 일제히 총을 쏘아 일본군을 격멸했다.

이 전투로 일본군 100명이 넘게 죽었고 200여 명이 부상을 입었다. 적들은 갑작스러운 공격에 당황하며 도망치기 바빴다. 정말 통쾌한 승리였다.

일본군들은 오늘의 패배를 기억하고 다시 우리 독립군을 공격하지 않을 것이다.

오늘의 교훈 : 홍범도 장군이 어떻게 전술을 구사했는지, 우리 독립군은 어떤 마음으로 전투에 임했는지 생각해 볼 수 있는 계기가 되었다. 추운 겨울에도 따뜻한 집을 떠나 훈련받는 군인의 모습은 상상만으로도 마음이 찡하다. — 21:10~22:13

〈선생님의 조언 한마디!〉

직접 역사적인 현장에서 겪었던 것처럼 실감나게 글을 썼네요. 봉오동 전투에서 승리할 수 있었던 이유를 잘 나타냈어요. 역사의 현장에 가는 방법은 여러 가지가 있어요. 역사적 인물로서 주인공이 될 수도 있고, 역사 인물의 행동을 지켜보는 방법도 있어요. 이 글에서처럼 역사 인물의 곁에서 직접 말을 주고받을 수 있는 인물이 되어 일기를 쓸 수도 있고요. 사건에 따라 다르겠지만, 모두 그 사건을 생생하게 내 것으로 가져올 수 있는 좋은 방법이에요.

만약 일본으로부터 해방되지 않았더라면

2011년 5월 12일   6학년 김영재

해가 나오다가 만 것처럼 온종일 흐렸다.

오늘은 가족들과 가라테 경기를 보는 날이다. 친구들과 점심을 먹고 놀다
가 평소와는 다르게 일찍 집으로 왔다. 그리고 가족과 함께 오후 4시쯤에
가라테 경기장으로 갔다. 오늘은 세계 가라테 챔피언 타이틀을 두고 우리
나라의 나까무라 선수와 브라질의 히바우도 선수가 대격전을 벌이는 날이
라 더욱 기대되었다. 결국 치열한 경기 끝에 나까무라 선수가 영예로운 챔
피언 메달을 거머쥐었다. 역시 우리나라의 가라테는 세계 제일이다.

경기를 보고 나니 어느새 6시가 되어 있었다. 우리는 저녁을 먹으러 유명
한 스시 집에 들어갔다. 소문난 스시 집답게 정말 맛있었다. 우리 네 식구
는 총 47접시를 비우고 스시 집을 나왔다.

집에 돌아와 나는 TV 만화영화를 보고, 엄마는 내일 외출할 때 입을 기모
노를 정성스레 다림질을 했다.

내가 자려고 들어갈 때쯤에 저녁에 스시를 먹다가 급한 약속이 있다며 먼
저 나간 형이 집으로 돌아왔다. 형은 유도 선수가 꿈이라 저녁 7시만 되면
유도 학원에 가서 열심히 유도 연습을 하다가 저녁 9시에야 돌아온다. 형

134

은 매일 밤늦게 집에 돌아와서 그 시간에 꽃꽂이를 하시는 아버지의 일을 거들고서야 잠이 든다. 피곤하지도 않은가 보다. 나는 내일도 스시를 먹게 해 달라고 마음속으로 팔백만신에게 빌고 잠에 푹 빠져들었다.

오늘의 교훈 : 일본에게 나라를 잃으면서 김치랑 태권도 등 우리 고유의 음식과 무술이 사라진다고 생각하니 너무 허전했다. 이제부터라도 우리 고유의 문화를 사랑해야겠다. – 20:30~21:05

〈선생님의 조언 한마디!〉

1945년 8월 15일에 일본이 제2차 세계 대전에서 항복하지 않았더라면, 그래서 우리나라가 일본으로부터 해방되지 않았더라면 정말 글에 나타난 모습으로 살고 있겠죠? 일기 쓰기를 통해 이렇게 역사적인 큰 사건을 바꿔 볼 수도 있지만, 작은 사건의 결과를 바꿈으로써 새로운 상황을 표현할 수도 있어요.

선죽교의 충신

2010년 9월 9일　6학년 전의주

푹 빠져 버릴 듯 검푸른 하늘이 세상을 뒤엎은 평안한 밤.

때 : 고려 말　　　　**장소** : 선지교, 선지교 너머 주막집

해설 : 이성계의 개혁으로 고려 조정이 술렁거릴 때, 마지막 남은 고려의 충신 정몽주는 이성계의 아들 이방원과 엄청난 신경전을 벌였습니다. 이성계는 정몽주를 아꼈지만, 이방원은 아버지와는 달리 정몽주를 엄청 미워했습니다. 그러던 어느 날, 이방원은 허리를 다친 이성계의 병문안을 간 정몽주 몰래, 누군가를 불러 은밀하게 속삭였습니다.

이방원 : (낮은 목소리로) "선지교에서 몰래 해치우는 거야. 알았는가?"

해설 : 두 건장한 사나이는 이방원의 명령을 받고 어디론가 사라졌습니다. 이성계의 병문안을 다녀온 정몽주는 곧장 집에 가지 않고 집 근처의 주막에 들렀습니다. 젊은 주모가 뛰어나와 호들갑을 떨었습니다.

주모 : (부산스러운 목소리로) "대감마님, 오늘은 봄 날씨가 아주 화창합니다요. 헤헤헤."

정몽주 : (아무 말 없이 술 한 잔을 비운다. 그러고는 주막 너머의 선지교 쪽으로 향한다. 궁궐쪽을 바라보며) "이 몸이 죽고 죽어 일 백 번

고쳐 죽어 백골이 진토 되어 넋이라도 있고 없고 임 향한 일편단

심 가실 줄이 있으랴."

해설 : 그때였습니다. 선지교 다리 밑에서 괴한들이 불쑥 나타났습니다. 그

들의 손에는 철퇴가 들려 있었습니다.

정몽주 : (혼내듯이) "웬 놈들이냐!"

해설 : 그 순간, 괴한들이 정몽주를 향해 사정없이 철퇴를 휘둘렀습니다.

선지교 다리 위에 쓰러진 정몽주의 몸에서 붉은 피가 쏟아졌습니다.

정몽주가 괴한들에게 살해당한 뒤, 선지교에서는 대나무 한 그루가

돋아났습니다. 그 후 사람들은 그 다리를 '선죽교'라고 불렀습니다.

오늘의 교훈 : 선죽교에는 정몽주의 뜨거운 열정만큼 붉은 피가 묻어났다.

나라를 위해 목숨도 아끼지 않았던 그가 안쓰러우면서도 대단하고 존경스

럽다. - 16:13∼17:08

〈선생님의 조언 한마디!〉

연극 대본은 사건을 대사로 이끌어 가기 때문에 상상력이 많이 필요해요.

해설보다는 대사가 좀 더 많았으면 하는 아쉬움이 있네요.

서양과 무역을 금한 흥선대원군을 만나다

2011년 7월 27일   6학년 한혜원

하루 종일 햇빛 쨍쨍한 맑은 날씨였다.

'흥선대원군'을 만났다! 조선 후기에 쇄국정책을 실행한 흥선대원군을 말이다. 흥선대원군에게 현재를 소개시켜 주기 위해 대원군 아저씨와 함께 내가 다니는 학교로 갔다. 요즘 어린이들은 서양의 언어인 영어를 배운다고 말하자, 흥선대원군은 당황했다. 그러더니 "어디, 서양 문물을 받아들이는 것도 모자라 서양 말까지 배우느냐!"라며 호통을 쳤다.

나는 흥선대원군과 생각이 달랐지만 또 혼날까 봐 입을 다물었다. 학교에서 나와 이번에는 미술관으로 갔다. 대원군은 몹시 만족하는 표정이었다. '그림이 아름다워서 그런가 보다.'라고 생각하고 있었는데, 갑자기 흥선대원군이 표정을 바꾸며 또다시 호통을 치기 시작했다.

"예술가의 이름이 왜 저러느냐!"

흥선대원군은 그림 밑의 이름 칸을 보고 화가 난 것이었다. 난 그것이 서양식 이름이라고 말했다. 내가 잘못한 것도 아닌데, 나에게 자꾸 소리를 지르니 흥선대원군이 서양을 무조건 좋지 않게 받아들이는 것이 못마땅했다.

"쇄국정책이 우리 문화재를 보존하는 데 큰 역할을 했지만, 반대로 쇄국정책을 펼치지 않았다면 우리나라가 지금보다 더 잘 살 수 있었을 거예요!"
내가 이렇게 외치자 흥선대원군은 내 말도 일리가 있다는 듯이 고개를 끄
덕였다. 그러고는 곧장 자신이 살던 과거로 돌아가야겠다고 말했다. 나는
'괜히 소리쳤나?'라는 생각이 들었다. 어쨌든 재미있는 시간이었다.

오늘의 교훈 : 우리나라 것이 아닌 서양의 문물이라고 무조건 나쁘게만 생
각하지 말고 받아들이자. ― 18:15~19:05

〈선생님의 조언 한마디!〉
정말 대원군을 만난 것처럼 실감나는 일기를 썼네요. 하지만 오늘의 교훈
은 일기를 쓴 친구가 받은 것이 아니라 대원군이 받은 것 같아요. 마지막
오늘의 교훈은 일기를 쓰기 위해 공부하면서 깨달은 것을 쓰면 됩니다.

을사조약은 체결되지 말았어야 했다

2010년 10월 22일   5학년 전도윤

친구랑 싸웠다. 너무 속상해서 눈물을 흘렸다. 맑았던 하늘에서도 갑자기 눈물 같은 것이 몇 방울씩 떨어진다. 하느님께서도 슬퍼서 눈물을 흘리시나 보다. 무슨 일인지 여쭤 보고 싶다.

을사조약은 1905년 일본이 대한제국인 우리나라를 강압해, 대한제국의 외교권을 박탈하기 위해 체결된 조약이다. 이 조약이 체결된 이후부터 우리나라는 일본에게 주권을 빼앗기고 식민지 지배를 당하게 되었다. 만일 을사조약이 체결되지 않았더라면 우리 민족은 어떻게 되었을까?

첫째! 일제 통치로 고통받지 않았을 것이다.

둘째! 우리말과 우리 문화가 더 발전했을 것이다.

셋째! 우리나라 문화재를 빼앗기지 않았을 것이다.

넷째! 강제 징용과 종군위안부로 끌려가는 고통을 받지 않았을 것이다.

다섯째! 창씨개명, 신사참배 같은 굴욕적인 일을 겪지 않았을 것이다.

여섯째! 친일파가 득세하고 민족 자본이 붕괴되지 않았을 것이다.

일곱째! 일제와 조선 총독부가 우리 민족을 말살하려고 하지 않았을 것이다.

140

을사조약이 체결되지 않았다면 일제 통치로 우리 민족이 고통받지 않았을 것이며, 우리의 고유 문화를 세상에 활짝 꽃피웠을 것이다.

오늘의 교훈 : 친일파들처럼 개인의 사리사욕을 채우지 말고 나라와 민족을 사랑하는 사람이 되어야겠다. ─ 16:20~17:20

〈선생님의 조언 한마디!〉

을사조약의 부당함을 주장하는 글로 나타냈네요. 주장하는 글의 중요한 특징은 주장이 처음부터 잘 드러나야 하고 주장에 대한 근거가 분명하게 드러나야 한답니다. 물론 그 근거가 설득력이 있으려면 뒷받침하는 자료가 있어야 겠지요. 이 글에서는 '만약 을사조약이 체결되지 않았으면 어땠을까?' 하는 가정으로 근거를 7가지나 제시했어요. 하지만 이렇게 많은 근거보다는 그것을 뒷받침하는 구체적인 설명이 더 있었더라면 하는 아쉬움이 남아요.

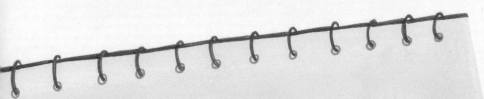

해동성국이라 불리던 발해

2010년 11월 23일   5학년 원태준

가을인가 싶다가도 아침저녁으로 매서운 회초리 바람이 불었다.
엄마 심부름 가는 길가에는 은행잎들이 이리저리 굴러다녔다.

1. 맨 처음 발해가 세워진 곳은 지금의 어디일까요?

정답 : 중국 길림성

2. 발해는 어떤 민족들로 구성되었나요?

정답 : 고구려인과 말갈족

3. 나라의 이름이 처음부터 발해는 아니었습니다. 발해의 첫 이름은 무엇
   이었고, 누가 발해라고 이름을 붙였을까요?

정답 : 진, 대조영

4. 발해는 어느 나라의 문화를 계승하고 발전시킨 것일까요?

정답 : 고구려

5. 발해인들은 함께 발을 구르고 빙빙 돌면서 춤을 추고 노래했습니다. 러
   시아 연해주의 콕샤로프카 발해 성터의 토기에 새겨져 있던 발해의 이
   춤을 무엇이라고 할까요?

정답 : 답추

6. 발해의 무덤 양식은 흙무덤, 돌무덤, 벽돌무덤, 이 세 가지 양식으로 전해집니다. 정혜공주묘는 세 가지 양식 중 어느 것에 속할까요?

정답 : 돌무덤

7. 맞으면 ○, 틀리면 ×하세요. 발해의 영토는 북쪽에 위치해 매우 추웠으므로 콩, 보리 같은 밭농사보다는 벼농사를 많이 지었다.

정답 : X

오늘의 교훈 : 발해는 고구려 후손들이 세운 자랑스러운 우리나라임에도 발해의 역사는 여전히 베일에 싸여 있다. 우리 후손들이 지금부터라도 발해가 우리 역사에 미친 지리적, 문화적, 역사적 영향을 좀 더 깊이 연구할 필요가 있다는 생각이 들었다. − 20:00~20:45

〈선생님의 조언 한마디!〉

발해에 대해서 열심히 공부한 흔적이 나타나 있네요. 5번, 6번 문제는 교과서에 없는 내용이지만 발해를 공부한 사람은 풀 수 있는 좋은 문제예요. 길림성, 연해주의 위치가 어디인지 지도에서 꼭 찾아보세요.

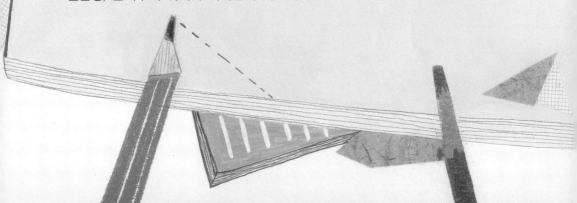

5·16군사정변을 재판합니다

2011년 6월 23일   5학년 강소희

밤부터 시끄럽게 내리던 비가 오늘 아침에는 뚝 그쳐 있었다. 비를 맞기 싫어 구름 뒤에 숨어 있던 해도 구름 뒤에서 나와 세상을 밝게 비추었다.

1. 사건의 내용 : 군사정변을 일으킨 군인들은 5·16군사정변 이후 발생한 혼란과 무질서를 진정시키고 권력을 민주적인 세력에게 돌려준 뒤 본래의 자리로 돌아간다고 약속했다. 하지만 '권력을 내놓고 돌아가겠다.'와 '아니다, 그럴 생각이 없다.'라는 말을 반복하며 입법·사법·행정 3권을 장악하고 군정 통치를 했다.

2. 피고인 : 군사정변을 일으킨 박정희와 군인들

3. 검사 의견 : 당신들은 분명히 5·16군사정변 이후 발생한 혼란과 무질서를 진정시키고 권력을 민주적인 세력에게 돌려준 뒤 본래의 자리로 돌아가겠다고 약속을 했죠? 그런데 그 후 속내를 드러내고 권력을 돌려줄 생각이 없다고 했습니다. 그러므로 국민들을 속인 박정희와 그의 하수인인 당신들은 그에 대한 마땅한 처벌을 받아야 합니다.

　4. 변호인 의견 : 그들이 '권력을 내놓고 돌아가겠다.' 와 '아니다, 그럴

생각이 없다.'라고 말을 반복한 건 사실이지만 국민들을 속인 건 아닙니다. 단지 어떻게 할지 몰라서 말이 왔다 갔다 한 것입니다. 그리고 박정희가 권력을 내려놓지 않고 대통령이 되었기 때문에 우리나라가 놀랄만한 경제 발전을 이룰 수 있었습니다. 그러므로 처벌이 아니라 큰 상을 받아야 마땅합니다.

오늘의 교훈 : 지키지도 못할 약속을 하고 5·16군사정변을 일으킨 군인들처럼 변명만 하며 자신의 죄를 뉘우치지 않는 그런 짓은 하지 말아야겠다.
– 17:45∼18:30

〈선생님의 조언 한마디!〉
군사정변 후 박정희와 군인들이 권력을 내려놓지 않은 것에 초점을 맞추었어요. 하지만 5·16군사정변이 왜 일어났을까 하는 궁금함이 생기네요. 사건의 내용에 이 점을 추가한다면 더 좋은 글이 될 거예요.

김춘추와의 일일 데이트

2011년 1월 30일 6학년 이유림

아침에는 다리가 시릴 정도로 추웠다. 학교를 마치고 친구와 놀고 있는데, 해가 자꾸만 "집에 가자, 집에 가자." 하고 졸라 댔다. 친구들이 하나 둘 사라지자, 해도 같이 사라졌다.

오늘은 타임머신을 타고 현재로 온 김춘추와 함께 하루 여행을 하는 날이다. 이상하게 김춘추를 기다리는 동안 떨리지 않았다. 드디어 김춘추를 만나 어색한 인사와 소개를 간단히 나누었다. 나는 김춘추에게 우리나라 지도를 보여 주었다. 그러자 김춘추가 놀라면서 내게 물었다.

"이게 정말 우리나라 땅입니까?"

"네."

나는 짧고 굵게 답했다.

이런 사실이 놀라운지 김춘추는 "정말인가요?" 라는 말을 반복했다.

당연히 진짜라고 말해 주니, 김춘추는 많이 놀라워했다. 나는 김춘추에게 우리나라의 명칭, 국기, 애국가 그리고 김춘추에 관한 역사책을 소개해 주었다. 김춘추는 책을 읽는 동안 옛날 추억을 많이 떠올리는 것 같았다.

나는 김춘추가 오늘 밤이면 떠난다는 사실을 알기 때문에 얼른 신라의 유적지가 많은 경주로 가자고 제안했다. 김춘추는 신라의 유적이 아직 남아 있는 것을 몹시 만족해하며 '아, 신라는 아직 영원하구나.' 하고 중얼거렸다. 김춘추는 특히 국보 제25호로 보존되고 있는 태종무열왕릉 비 앞을 오래도록 떠나지 않았다. 자, 이제 떠날 시간이 되었다. 나는 김춘추에게 경주 최고의 기념품인 황남빵을 주며 타임머신에서 먹으라고 했다.

"고맙소. 대한민국이 발전되어 세상을 빛내길 바라겠소."

김춘추는 의미 있는 말을 남긴 채 과거로 다시 돌아갔다.

오늘의 교훈 : 자신의 이익을 바라지 말고 끊임없이 노력해 후손들을 위해 우리나라를 발전시키자! – 21:00~21:40

〈선생님의 조언 한마디!〉

김춘추와 김유신은 신라가 삼국을 통일할 수 있는 기틀을 마련했죠. 하지만 이 글에서는 김춘추가 누구인지, 왜 데이트 상대로 김춘추를 선택했는지 설명이 없어서 아쉽네요. 후손들을 위해 나라를 발전시키자는 교훈을 억지로 만든 느낌이 들어요. 깨달은 것을 곰곰이 생각해 보고 솔직하게 표현하는 것이 더 좋겠죠?

독립의 별, 김구 선생님께 드리는 글

2010년 9월 23일 5학년 강소희

해는 멋지게 단장한 얼굴을 뽐내고 싶었는지, 종일 구름 한 점 없는 가을 하늘 위에서 햇볕을 따갑게 내리쬤다.

김구 선생님께

선생님, 안녕하세요? 저는 선생님의 위인전을 읽은 평범한 학생이에요. 선생님의 이야기가 담긴 책에서 선생님이 우리나라 독립의 큰 별이라는 사실을 알게 되었어요. 일본에게서 해방되기 위해 많은 활동을 하고 목숨까지도 아까워하지 않았던 분이시라는 것도요. 하지만 선생님이 어렸을 때는 의젓하고 강인하지도 않았을 뿐더러 친구들이랑 자주 싸웠다고 했어요. 선생님께서 말썽을 많이 피워 부모님께 혼났다는 게 믿기지 않아요. 저역시 '부모님 말씀을 잘 듣고 열심히 공부해서 꼭 훌륭한 사람이 되어야겠다.' 하고 마음먹곤 했지만 생각처럼 실천이 잘 되지 않았어요. 왜 그러는 걸까요? 또 제가 하는 일은 늘 결과가 형편없다 보니 점점 자신감을 잃어요. 하지만 저처럼 말썽을 피우는 아이였던 선생님이 위대한 사람이된 걸 보며 저도 용기를 얻었어요. 저도 선생님처럼 열심히 공부하며 나쁜 길로 가지 않게 몸과 마음가짐을 바르게 하기로 다짐했어요.

이제는 다시 우리나라를 다른 나라에게 빼앗기지 않고, 우리 국민들이 다시는 괴로워하지 않는 나라가 되도록 만들게요. 안녕히 계세요.

2010년 9월 23일

선생님의 일생, 그리고 희생을 보고 감동 받은 강소희 올림

오늘의 교훈 : 김구 선생님의 어린 시절을 보니 위인이 모두 공부를 잘하는 모범생은 아니라는 생각을 했다. 또한 김구 선생님이 나라를 위해 많은 희생을 한 것을 보고 '그동안 내가 한 봉사 활동은 정말 아무것도 아니었구나.'라는 걸 깨달았다. 앞으로 더 열심히 공부하고 더 열심히 살아서 우리나라의 발전을 이룩하는 사람이 되어야겠다. – 17:25~19:00

〈선생님의 조언 한마디!〉

김구 선생님에 대한 전기문을 읽고 쓴 글이네요. 김구 선생님께 드리는 편지를 통해서 자신의 삶과 김구 선생님의 삶을 비교하며 유익한 깨달음을 얻은 것 같아요. 김구 선생님이 독립을 위해서 한 일과 독립 후에 남북의 분단을 막기 위해 애쓰셨던 일까지 좀 더 자세하게 담는다면, 그 시절의 역사적 상황을 더 잘 이해할 수 있을 것 같네요.

역사일기 쓰기
참고 자료

역사
일기
5-3

- 우리 역사의 주요 사건 -

	연도	시대	사 건	관련인물
1	612년	삼국 시대	살수대첩에서 승리(고구려)	을지문덕
2	660년	삼국 시대	황산벌 전투(백제)	계백, 관창
3	632년	삼국 시대	최초로 여왕이 등장(신라)	선덕여왕
4	751년	통일신라시대	불국사와 석굴암 창건	김대성
5	958년	고려 시대	과거 제도 시행	광종
6	1170년	고려 시대	무신의 난	정중부
7	1198년	고려 시대	만적의 난	만적
8	1236년	고려 시대	팔만대장경	고종
9	1456년	조선 시대	단종복위 운동	세조
10	1592년	조선 시대	임진왜란	이순신
11	1636년	조선 시대	병자호란	인조
12	1866년	조선 시대	병인양요	흥선대원군
13	1871년	조선 시대	신미양요	흥선대원군
14	1905년	조선 시대	을사조약 체결	이완용
15	1919년	일제 강점기	3·1 운동	유관순
16	1929년	일제 강점기	광주학생 운동	
17	1950년	대한민국	6·25 전쟁	
18	1960년	대한민국	4·19 혁명	이승만
19	1980년	대한민국	5·18 민주화 운동	전두환
20	2000년	대한민국	남북한 정상의 만남	김대중, 김정일

1. 살수대첩 (고구려, 612년)

300년간 분열되었던 중국을 수나라가 통일했어요. 수나라의 황제인 수문제는 30만 명의 대군을 이끌고 고구려를 공격했지만 고구려군의 반격과 질병으로 물러날 수밖에 없었어요. 문제가 죽자 그의 아들 양제는 직접 112만 명의 대군을 이끌고 고구려의 요동성을 공격해 왔어요. 성을 포위하는 데는 이틀밖에 걸리지 않았지만 고구려군의 강한 저항에 4개월이 넘도록 성을 함락시키지 못했어요. 그러자 수의 양제는 30만 명의 군사를 따로 뽑아 요동성을 돌아 평양성으로 진격하도록 했지요. 하지만 고구려의 장수 을지문덕은 후퇴하는 척하면서 수나라의 군대를 고구려 땅 깊숙이 끌어들였어요. 먹을 것도 없이 지친 수나라의 군사들은 결국 후퇴하다가 살수(지금의 청천강)에 도착했어요. 을지문덕은 강물을 미리 막아 놓고, 수나라 군사들이 강을 건너려는 순간 강물을 터뜨려 크게 무찔렀어요. 30만 명의 군사 중 살아서 돌아간 수는 겨우 2,700명뿐이었다고 해요.

2. 황산벌 전투 (백제와 신라, 660년)

신라와 당나라가 연합해 백제를 침략해 왔어요. 신라의 김유신이 이끄는 군대는 5만 명이었지만 백제의 계백 장군은 5천 명의 군사로 황산벌(지금의 충청남도 연산)에서 신라의 군대와 맞서 싸워야 했지요. 황산벌에서 신라의 군사를 막지 못하면 백제의 운명도 끝나게 될 판이었죠. 계백은 전투에 나가기 전에 먼저 아내와 자식들의 목을 베었답니다. 전투에서 질 경우에 가족이 적의 노예가 되는 치욕을 없애자는 것이었지요. 이렇게 목숨을 걸고 싸운 덕에 4회에 걸친 전투에서 백제는 신라의 군사 1만 명을 죽일 수 있었어요. 하지만 신라의 화랑인 관창이 목숨을 걸고 싸우다 죽자, 사기가 오른 신라군은 총공격을 펼쳐 결국 백제군을 이길 수 있었어요. 계백과 5천의 군사들은 한 사람도 남지 않고 모두 전사했답니다.

3. 우리나라 최초의 여왕 탄생 (신라, 632년)

우리나라 최초의 여왕은 신라 시대에 탄생했어요. 신라의 제27대 왕인 선덕여왕이지요. 선왕인 진평왕은 아들이 없이 딸만 있었어요. 그래서 맏딸인 덕만공

주가 후에 선덕여왕으로 즉위하게 되지요. 우리 역사에서 여왕이 있었던 시대는 신라 시대뿐이었어요. 선덕여왕, 진덕여왕, 진성여왕, 이렇게 셋이지요. 선덕여왕은 가난한 백성들을 보살피며 백성들의 삶의 기본인 농사를 살피는 데 힘을 썼어요. 흉년이 든 해에는 세금을 면제해 주어 백성들로부터 칭송을 듣기도 했답니다. 또한 첨성대, 분황사, 황룡사 9층목탑과 같은 뛰어난 문화유산을 만들기도 했어요.

4. 불국사와 석굴암의 창건 (통일신라, 751년)

삼국이 통일된 지 100년쯤 지났을 무렵 경덕왕은 불국사와 석굴암을 건설했어요. 불국사는 신라 법흥왕 때 만들어졌다가 경덕왕 때(751년)에 다시 지어진 것이죠. 신라인들이 이상의 세계라고 여기는 부처님이 사는 나라를 생각하며 만든 것이 바로 불국사예요. 20여 년에 걸쳐 완성된 불국사에는 석가탑과 다보탑, 금동 비로자나불, 금동아미타여래좌상, 청운교와 백운교 같은 뛰어난 문화유산 등이 남아 있어, 유네스코에서는 불국사 전체를 세계문화유산으로 지정했답니다. 석굴암은 김대성이 불국사를 지을 때 전생의 부모를 위해 만들었다고 전해지는데, 토함산 중턱에 돌을 깎아 굴을 만들고 그 안에 석가여래 불상을 중심으로 여러 가지 불상을 조각해 놓았어요. 조각한 불상들 하나하나가 불교 조각의 걸작으로 손꼽힐 만큼 그 기법이 뛰어나다고 해요. 게다가 석굴암의 축조 기술은 세계에 유래가 없는 뛰어난 기술이라고 해요.

5. 과거 제도의 시행 (고려, 958년)

과거 제도는 고려의 광종 때 처음 시작되었어요. 그전까지 국가의 관리는 호족 세력들이 독차지하고 있었어요. 아버지가 호족이나 관리라면 자식도 시험 없이 관리가 되었지요. 하지만 중국에서는 이미 과거 제도가 시행되고 있었지요. 광종은 중국에서 귀화한 쌍기의 의견을 받아들여 처음으로 과거 제도를 실시했어요. 과거 시험을 통해 유학 지식을 갖춘 새로운 관리를 뽑아 호족의 세력을 약화시키고 왕권을 강화하려고 한 것이지요. 고려 시대에는 유학 지식으로 뽑는 문과, 승려를 뽑는 승과, 기술관을 뽑는 잡과가 있었어요. 과거 제도는 조선 시대까지 이어져 조선 시대에는 승과 대신 무신을 뽑는 무과가 생겨났답니다.

6. 무신정변 (고려, 1170년)

1170년 고려에서는 역사를 뒤바꾼 큰 사건이 일어났어요. 바로 무신들이 문신들을 죽이고 권력을 움켜쥔 것이에요. 무신들은 하룻밤 사이에 수많은 문신들을 죽이고 왕이었던 의종을 쫓아냈어요. 고려의 무신들은 지배 계층이었지만 문신보다 낮은 신분을 가졌고 문신들에게 천대를 받았어요. 심지어 문신들은 나이가 많은 무신의 수염을 태우거나 뺨을 때리기까지 했어요. 이렇게 불만이 쌓여가던 무신들은 문벌귀족들이 더 많은 세금을 거두며 농민들을 힘들게 하자, 군사들과 함께 정변을 일으킨 거지요. 이후 100년 동안 무신들의 정권이 유지되었답니다.

7. 만적의 난 (고려, 1198년)

만적은 무신정권의 수장인 최충헌의 노비였어요. 노비는 짐승과 같이 사고 팔 수 있는 재산으로 여겨지는 가장 천대받는 계급이었지요. 노비들은 무신정권이 들어서면서 천한 신분에 있던 사람들도 높은 벼슬을 하는 것을 보며, 모진 고통에 시달리는 노비 신분에서 벗어나고 싶었지요. 만적은 노비들을 모아 거사를 의논했어요. 먼저 궁으로 들어가 최충헌을 죽이고, 각자 자기 집으로 돌아가 주인을 죽이고 노비 문서를 불태우자는 계획을 세웠지요. 하지만 정작 계획을 실행하는 날에 몇백 명의 노비밖에 모이지 않아 거사 날짜를 연기했어요. 그러다 그중 한 노비가 이 사실을 주인에게 낱낱이 고했지요. 결국 모의에 참여했던 만적을 비롯하여 100여 명의 노비가 붙잡혀 임진강에 던져지는 것으로 만적의 난은 끝이 나지요.

8. 팔만대장경의 제작 (고려, 1236년)

1231년 몽고가 고려를 침략해 왔어요. 40여 년간의 기나긴 전쟁의 시작이었지요. 무신정권은 도읍을 강화도로 옮겨 가면서까지 몽고와 대항했어요. 그러던 중 부처님의 힘을 빌어 몽고를 물리치려는 소망으로 팔만대장경을 만들었어요. 팔만대장경은 작업하는 데만 16년이 걸렸고, 8만 1천 2백 58장의 목판에 부처님의 말씀을 새겨 놓은 위대한 역사였어요. 목판에 한 글자를 새길 때마다 세 번씩 절을 하면서 정성껏 만들었어요. 그래서 그런지 5,300만 자나 되는 글자에 틀린 것은 거의 찾을 수 없을 뿐 아니라 500명이 넘는 사람이 썼지만 한 사람이 쓴 것처럼 글자의 모양이 고르답니다.

9. 단종복위 운동 (조선, 1456년)

수양대군은 1455년에 단종을 왕위에서 물러나게 하고 자신이 왕위에 올랐어요. 그러나 수양대군과 그 일파를 몰아내고 다시 단종을 왕으로 세우려는 계획을 가진 신하들이 있었어요. 이것이 단종복위 운동이지요. 그때 계획이 발각되어 모진 고문을 당하다가 처형당한 충신 성삼문, 박팽년, 하위지, 유응부, 이개, 유성원을 사육신이라고 해요. 이후에 후손들에 의해서 사육신은 새로운 평가를 받았고, 1691년 관직이 복구되었어요.

10. 임진왜란 (조선, 1592년~1598년)

선조 재위 기간인 1592년 임진년 봄, 왜(일본)는 명나라로 쳐들어가기 위해 길을 빌린다는 구실로 조선을 침략했어요. 이것을 임진년에 왜군이 전쟁을 일으켰다고 해 '임진왜란'이라고 불러요. 왜군은 20만의 대군을 이끌고 부산 앞바다에 나타나 조선에는 없는 조총이라는 신무기를 앞세워 물밀듯이 진격해 왔어요. 순식간에 북쪽으로 진군하는 왜군에 의해 선조는 한양을 떠나 평양으로, 그리고 다시 의주로 피난을 갈 수밖에 없었어요. 하지만 이순신 장군이 이끄는 수군이 바다에서 왜군을 크게 무찌르고, 명나라 군대와 힘을 합쳐 왜군을 물리치기 시작했어요. 결국 일본은 전쟁에서 밀리기 시작했고 명나라와 협상에 들어갔지요. 1597년 일본이 다시 조선을 침략했지만, 전쟁을 일으켰던 일본의 도요토미 히데요시가 죽자 일본군은 물러가고 전쟁은 끝이 났답니다.

11. 병자호란 (조선, 1636년)

병자년(1636년)에 일어난 청나라와의 전쟁을 '병자호란'이라고 해요. 중국의 명나라의 힘이 약해지자 여진족의 누르하치가 세력을 키워 후금을 세웠는데, 후에 나라 이름을 청으로 바꾸었어요. 10만의 대군을 이끌고 조선을 침략한 청나라는 우리에게 명나라와의 관계를 끊고 신하의 예로 대하고 조공을 바치라는 요구를 했어요. 그러나 청나라의 요구를 우리가 받아들이지 않자, 청나라는 한양을 점령했고, 인조 임금과 신하들은 남한산성으로 피해 45일 동안 싸웠어요. 결국 인조 임금은 삼전도에서 청나라 태종에게 무릎을 꿇고 세 번 절하고 아홉 번 머리를 조아리는 치욕적인 항복을 하고 말았지요.

12. 병인양요 (조선, 1866년)

'양요'라는 것은 서양인들이 나라를 어지럽혔다는 뜻을 가지고 있어요. 병인년 (1866년)에 서양인들이 나라를 어지럽게 만든 사건이라 하여 '병인양요'라 불러 요. 그 당시 흥선대원군은 천주교를 금지하며 프랑스 신부와 조선인 신자 8천여 명을 죽였어요. 그중 중국으로 탈출한 프랑스 신부가 프랑스 함대 사령관 로즈 제독에게 이 사실을 알렸어요. 로즈 제독은 군함 7척을 이끌고 강화도 갑곶에 상륙해 강화성을 점령하려고 했어요. 하지만 프랑스 함대는 양헌수 부대와 한 성근 부대의 공격으로 큰 피해를 입고 물러가게 되어요. 이때 프랑스군은 외규 장각에 보관되어 있던 중요한 문서와 책들을 가지고 가 버렸지요. 이 일로 대원 군은 곳곳에 척화비를 세우며 외국과의 통상을 거부하게 되지요.

13. 신미양요 (조선, 1871년)

'신미양요'가 일어나기 전 1866년 7월에 미국의 상선 제너럴 셔먼호가 대동강을 거슬러 평양 부근에서 통상을 요구했어요. 하지만 조선의 조정이 통상을 거절하 자 셔먼호의 선원들은 대포로 민가를 습격하는 등 행패를 부렸어요. 그러자 평 양 백성들이 셔먼호에 불을 지르고 선원들을 죽였어요. 이 일을 구실로 미국은 1871년(고종 8년)에 군함 5척을 이끌고 조선을 침략해 왔어요. 미국은 강화도의 초지진, 광성진, 덕진진 등을 점령했지만, 갑곶에서는 많은 피해를 입었어요. 결 국 미국은 40일 만에 우리나라에서 물러났는데, 이 사건을 신미양요라고 해요.

14. 을사조약 (대한제국, 1905년)

1905년 11월 17일, 일본 특사인 이토 히로부미는 우리나라에 군사를 이끌고 와 회의를 마음대로 시작했어요. 일본의 보호조약에 대해 찬반을 묻는 이상한 회 의였지요. 그 자리에 있던 대한제국의 대신 어느 누구도 고종 황제로부터 조약 체결의 권한을 위임받지 않았어요. 하지만 일본은 다섯 명의 대신이 찬성하자

조약의 성립을 선포했어요. 이로써 우리나라는 나라의 외교권을 일본에게 강제로 빼앗기게 되었어요. 이 조약은 국제법을 적용했을 때에 성립할 수 없는 조약이었지요. 나라를 대표하는 고종 황제의 재가를 받지도 않았을 뿐 아니라 군사를 동원해 강제로 맺은 조약이기 때문이지요. 을사조약 이후 우리나라의 재정 및 군사권을 빼앗은 일본은 결국 고종 황제마저 폐위시키고 1910년 한일병합조약으로 우리나라를 강제 점령하게 된답니다.

15. 3·1 운동 (일제 강점기, 1919년)

우리나라의 민족지도자 33명은 1919년 3월 1일에 종로의 태화관에 모여 우리나라의 독립을 알리는 독립선언서를 읽었어요. 탑골공원에 미리 모여 있던 학생과 시민들도 독립선언서를 낭독하고 태극기를 흔들며 '대한 독립 만세'를 외쳤어요. 독립을 외치는 간절한 바람은 거대한 함성이 되어 하늘과 땅을 뒤흔들며 전국으로 퍼져나갔어요. 2개월이 넘게 진행된 3·1운동에는 수많은 사람들이 참여하였고, 전국적으로 1,400번이 넘는 시위가 일어났어요. 일본은 시위에 참여한 수많은 사람들을 죽이고 고문하는 등 잔인한 방법으로 탄압했어요. 하지만 이 만세운동으로 우리나라의 독립 의지를 세계에 알릴 수 있었으며, 많은 사람들이 우리도 독립할 수 있다는 희망을 가지게 되었어요.

16. 광주학생 항일운동 (일제 강점기, 1929년)

전라남도 나주에서 광주로 가는 기차 안에서 한국인 학생들과 일본 학생들과의 싸움이 일어났어요. 일본 학생이 한국인 여학생 두 명의 댕기를 당기며 놀리자 이를 보다 못한 한 한국인 학생이 일본 학생들을 때렸기 때문이에요. 하지만 일본은 한국 학생들만 구속하는 등 편파적인 방법으로 이 사건을 처리했어요. 그러자 전국의 많은 학교가 일본의 민족 차별과 식민지 교육의 철폐를 주장하며 시위를 벌였지요. 이 일로 많은 학생들이 퇴학을 당하고 말았어요. 광주학생 항일운동은 3·1운동 이후의 최대 규모의 항일운동으로 우리 학생들의 독립 정신을 보여 준 사건이지요.

17. 6·25 전쟁 (대한민국, 1950년)

1950년 6월 25일 새벽, 북한군은 탱크를 몰고 남한과 북한의 경계인 38선을 넘어와 전쟁을 일으켰어요. 한 민족끼리의 참혹한 비극이 시작되는 날이었어요. 공산주의 정권이 세워진 북한은 남쪽에 세워진 대한민국 정부마저도 공산화해 통일을 하려던 것이었어요. 전쟁에 아무런 준비도 하지 못했던 우리나라는 사흘 만에 북한군에게 서울을 빼앗기고 말았어요. 두 달이 채 되지 않아 북한군이 낙동강 근처를 제외한 우리나라 국토의 대부분을 차지하자 우리나라의 운명이 위급해졌어요. 하지만 미국을 주축으로 한 유엔에서는 연합군을 구성해 국군과 함께 용맹하게 북한군과 싸워 서울을 되찾았어요. 연합군은 북으로 진격해 북한의 끝 쪽까지 차지하기도 했어요. 하지만 중국군이 북한을 도와 내려오는 바람에 연합군은 다시 밀려 내려왔어요. 그 뒤 38선을 중심으로 서로 밀고 밀리며 싸웠어요. 그러다 결국 전쟁을 잠시 멈추자는 휴전 협상을 하기에 이르렀답니다. 2년간의 긴 휴전회담 끝에 1953년 유엔군 대표와 북한 대표, 중국 대표가 만나 휴전을 하기로 결정하고, 이로써 3년간의 참혹한 전쟁은 끝났어요.

18. 4·19 혁명 (대한민국, 1960년)

초대 대통령인 이승만과 집권당인 자유당은 12년간이나 장기 집권을 하고 있었어요. 1960년 3월 15일에 있던 대통령 선거에서도 자유당은 부정 선거를 치르려고 했어요. 이러한 부정 선거에 항의하는 시위가 일어났고, 시위를 벌이다 실종된 한 학생이 눈에 최루탄이 박힌 채 바닷속에서 발견되자 전국의 시민들이 분노하기 시작했어요. 결국 4월 19일에 서울의 대학생들이 부정 선거에 항의하며 대통령이 물러날 것을 요구했어요. 하지만 경찰은 학생들에게 총을 쏘아 댔지요. 이에 분노한 시민들은 더 많이 모여 시위를 벌였어요. 마침내 이승만은 대통령직에서 물러났고 자유당 정권도 무너졌어요.

19. 5·18 민주화 운동 (대한민국, 1980년)

1979년 10월 26일, 18년간이나 대통령을 하던 박정희 대통령이 부하의 총에 맞아 사망하자 국민들은 독재가 끝나고 민주주의가 이루어질 것을 기대했어요. 하지만 그해 12월 12일, 전두환은 새로운 군인 세력을 이끌고 국가의 권력을 장악했어요. 국민들은 크게 실망하며 이를 반대하는 시위를 벌였어요. 그러자 신군부는 전국에 비상계엄을 선포했어요. 1980년 5월 18일, 전라남도 광주에서도 학생들과 시민들이 민주화를 요구하며 시위를 벌였어요. 이때 총과 칼로 무장한 계엄군들이 시위대뿐 아니라 시민들까지 때리고 다치게 했어요. 이것을 본 광주 시민들은 크게 분노하며 스스로를 지키기 위해 군인들과 싸웠어요. 이 일로 광주 시민 수백 명이 죽고 수천 명이 다쳤어요.

20. 남북한 정상의 만남 (대한민국, 2000년)

2000년 8월 15일, 남한의 김대중 대통령과 북한의 김정일 국방위원장은 평양 순안 공항에서 감격스러운 포옹을 했어요. 지난 1950년 6·25전쟁 이후 남북한 정상이 처음으로 만나는 역사적인 순간이었지요. 그동안 남한과 북한은 통일을 이루지 못하고 서로를 적으로 여겼어요. 하지만 이 만남을 시작으로 남한과 북한은 통일을 위해 서로 노력하기로 했어요. 이산가족의 만남을 본격적으로 추진하고, 경제 협력을 통해 남북한의 경제를 균형적으로 발전시키고, 여러 분야의 협력으로 서로 신뢰를 쌓아 가기로 했답니다.

- 우리 역사를 빛낸 20명의 인물 -

1. 을지문덕 (?)

고구려 영양왕 23년인 612년, 중국 수나라 양제는 113만이라는 대군을 이끌고 고구려에 쳐들어왔어요. 그러나 수나라의 엄청난 대군에 맞서 싸워야만 했던 고구려에는 을지문덕이라는 훌륭한 장수가 있었지요. 을지문덕은 용맹스러웠을 뿐만 아니라 지략에도 뛰어난 인물이었어요. 중국 수나라의 대군이 살수(지금의 청천강 유역)를 건너 평양성으로 다가오자 을지문덕은 항복하는 척하며 수나라 군대를 철수시켰어요. 그리고 후퇴하던 수나라 군대가 다시 살수에 다다르자 뒤를 공격해 큰 승리를 이루었답니다. 수나라가 을지문덕이 이끄는 고구려 군에게 크게 패한 전쟁이 바로 유명한 '살수대첩'이에요.

2. 선덕여왕 (~647년)

신라 26대 진평왕의 맏딸로 태어난 선덕여왕의 본래 이름은 '김덕만'이에요. 선덕여왕은 632년, 신라의 제27대 왕으로 올라 최초의 여왕으로 많은 일을 이루었지요. 어려서부터 매우 지혜롭고 총명했던 선덕여왕의 많은 일화가 전해지는데, 특히 당나라 태종이 보낸 모란꽃 그림에 관한 이야기는 매우 유명하답니다. 현재 경주에는 하늘을 연구했다고 전해지는 천문대인 '첨성대'가 있는데, 첨성대는 황룡사 9층목탑과 함께 선덕여왕이 재임 기간에 남긴 아주 유명한 문화재 중의 하나이지요.

3. 대조영 (~719년)

신라가 삼국을 통일하면서 신라의 힘은 더욱 커졌어요. 그러나 통일신라는 고구려를 멸망시키고 통일을 이룩하는 과정에서 중국 당나라의 힘을 빌렸기에 고구려의 옛 땅을 고스란히 당나라에게 넘겨 주어야만 했어요. 이 때문에 고구려 유민들은 당나라에 끌려가 이루 말할 수 없는 고생을 해야 했지요. 그러나 고구려 장군 출신이었던 대조영은 거란족이 일으킨 난을 틈타 고구려 유민들과 말갈족을 이끌고 옛 고구려의 땅에 '발해'를 세웠어요. 첫 이름은 '진'이었지만 후에 '발해'로 나라 이름을 바꾸고 고구려를 계승한 민족의 자존심을 세웠답니다.

4. 장보고 (~846년)

장보고는 전라남도 완도에서 태어나 당나라로 건너간 뒤 뛰어난 무예와 총명한 머리로 당나라 무령군 소장 자리까지 올랐어요. 그러던 중 신라인들이 당나라에 노예로 팔려와 고초를 겪는 모습을 보고 신라로 돌아오기로 결정을 하죠. 신라로 돌아온 장보고는 해적들이 신라인들을 노예로 팔거나 무역선을 습격하는 것을 막기 위해 전라남도 완도에 '청해진'을 설치했어요. 청해진을 설치한 장보고는 바다의 해적들을 소탕함과 동시에 당나라와 신라, 일본으로 이어지는 무역을 통해 크게 힘을 키워 갔지요. 그러나 846년 통일신라의 문성왕이 보낸 자객에게 암살당하고 말았답니다.

5. 원효 (617년~686년)

원효는 617년 경상북도 경산에서 태어났어요. 성은 설씨로, 원효는 불교에서 갖게 된 법명이에요. 어려서부터 사람의 삶과 죽음 그리고 죽음 이후의 삶에 관심이 많았던 원효는 불교에 일찍 뜻을 두고 648년 황룡사에서 승려가 되었지요. 661년에는 의상과 함께 당나라 유학길에 오르지만 여행 도중 동굴에서 마신 물이 해골에 담겨 있던 물임을 알고 깨달음을 얻게 되었답니다. 모든 것은 사람 마음먹기에 달렸다는 '일체유심'의 깨달음이었죠. 이후 당나라 유학을 그만두고 신라로 다시 돌아와 백성들 가까이에서 불교의 가르침을 전했고, 이러한 원효의 노력으로 신라 백성들은 불교를 생활 속에서 접할 수 있게 되었답니다.

6. 강감찬 (948년~1031년)

948년 경기도 금주(현재 시흥)에서 태어난 강감찬은 어려서부터 용맹하고 지혜롭기로 유명했어요. 강감찬이 태어날 때 큰 별이 떨어졌다는 유명한 일화가 있는데, 그 별이 내려온 곳을 오늘날까지 낙성대라고 부른답니다. 강감찬은 983년 문과에 장원 급제했고 1018년에는 유명한 귀주대첩을 승리로 이끌기도 했지요. 당시 거란은 993년부터 1018년까지 30여 년에 걸쳐 고려를 세 차례나 침략했는데, 세 번째 침략 당시 거란의 소배압은 10만이나 되는 대군을 이끌고 고려로 왔답니다. 그러나 강감찬은 지혜롭게 귀주에서 거란을 물리쳤고 거란은 이후 고려를 쉽게 넘보지 못했어요.

7. 왕건 (877년~943년)

통일신라가 삼국을 통일한 이후 다시 후고구려, 후백제, 신라로 분열된 후삼국 시대에 왕건은 후고구려를 세운 궁예의 충성스런 부하였어요. 그러나 궁예는 처음과 달리 시간이 지날수록 포악한 정치로 백성들의 노여움을 샀어요. 이때 왕건을 따르던 장수들은 왕건이 궁예를 몰아내고 새로운 나라를 세우기를 바랐어요. 장수들의 뜻에 따라 왕건은 포악한 궁예를 몰아내고 고려를 세워 후삼국을 하나의 나라로 통일했죠. 후에 왕건은 고려의 정치 기틀이 된 '훈요십조'를 자손들에게 전한 후 943년 세상을 떠날 때까지 고려를 바로 세우고자 노력했답니다.

8. 정약용 (1762년~1836년)

경기도 광주(현재 남양주)에서 태어난 정약용은 어렸을 때부터 무척 총명하여 7세 때부터 시를 지었다고 전해지고 있어요. 정약용의 형제들도 모두 훌륭한 인물이었어요. 1793년에는 정조의 명을 받아 '수원성'을 건축했는데, 이때 사용된 거중기는 놀랍기 그지없지요. 정약용은 《목민심서》, 《흠흠신서》, 《경세유표》 등 많은 책을 남겼어요. 18년간의 유배 생활 동안에도 쉬지 않고 책을 읽고 썼으며 백성들을 사랑하고 이해하고자 노력했던 진정한 학자랍니다.

9. 허준 (1546년~1615년)

경기도 김포에서 태어났으나 서자였던 까닭에 관직으로 나가기를 포기하고 대신 의술을 공부하기 시작했어요. 1574년 의과 시험에 합격한 허준은 왕과 가족들을 돌보는 내의원에서 일을 했답니다. 1595년 《동의보감》을 쓰기 시작했지만 1608년 선조가 죽자 왕의 병을 낫게 하지 못했다는 죄목으로 귀양을 가게 되죠. 그리고 그곳에서 우리나라 의학을 대표하는 책인 《동의보감》 25권을 완성했어요. 《동의보감》은 기존의 어려운 의학서들과 달리 쉽고 정확한 처방에 바탕을 두고, 우리 땅에서 나는 약재를 사용했다는 점에서 큰 의의를 갖고 있어요.

10. 이순신 (1545년~1598년)

1545년 서울에서 태어난 이순신은 어려서부터 학문뿐만 아니라 무예에도 출중했어요. 늦은 나이인 1579년에 무과에 급제를 했지만 1592년 '임진왜란'이 일어나 나라가 급박한 위기에 처하자 해군을 지휘하여 승리를 이끌었어요. 그중 특히 유명한 전투가 바로 '한산도대첩'이랍니다. 이순신은 한산도대첩 때 거북선으로 '학익진전법'을 사용하여 큰 승리를 이루었고 이후로 여러 해전에서도 계속 승리를 거두지요. 그러나 1598년 노량해전에서 왜군에 의해 장렬히 전사하고 말았답니다.

11. 전봉준 (1855년~1895년)

전라북도 고부군에서 태어난 전봉준은 어려서 키가 작아 '녹두'라고 불린 탓에 후에 '녹두장군'으로 알려졌어요. 작은 키에도 용감하고 정의로웠던 전봉준은 어른이 되어서도 백성들이 관리들에게 횡포를 당하는 모습을 그냥 두고 보지 않았답니다. 1894년 고부 군수였던 조병갑의 횡포가 나날이 심해지자 전봉준은 동학농민군을 이끌고 고부관아를 습격해 제1차 동학농민운동의 출발을 알렸지요. 이후에도 전봉준은 정부에게 백성들을 위한 여러 가지 제안을 하며 투쟁했습니다. 하지만 1895년 조정과 개입한 일본에 의해 처형당하고 말았습니다.

12. 세종대왕 (1397년~1450년)

1397년 조선의 3대 임금 태종 이방원의 셋째 아들로 태어난 세종대왕은 어려서부터 책을 너무나 사랑한 임금이었어요. 1418년 세종대왕은 조선의 제4대 임금이 된 후에도 학문을 사랑하여 신하들과 논하기를 즐기고, 예술과 과학을 장려하였답니다. 세종대왕은 다방면에 걸쳐 많은 일들을 한 것으로 유명한데, 특히 집현전을 설치하여 학자들을 학문에 전념하게 한 일과 신분이 낮은 장영실에게 벼슬을 내려 과학을 부흥시킨 점, 훈민정음을 창제한 것 등은 주요한 업적이지요. 세종대왕은 세상을 뜨기 전까지 백성들을 위한 정치를 펼쳤고, 덕분에 조선은 태평성대를 이룰 수 있었어요.

13. 김대건 (1822년~1846년)

충청도 당진에서 태어난 김대건의 어릴 적 이름은 재복이었어요. 김대건은 어렸을 때부터 천주교를 믿는 가족의 영향을 받으며 자랐어요. 1835년 프랑스 신부로부터 영세를 받은 김대건은 유학을 통해 신부가 되기 위한 꿈을 키워 갔답니다. 하지만 당시 우리나라는 천주교를 법으로 금하고 이를 어길 때에는 고문을 하거나 사형에 처하는 형벌을 내렸을 만큼 천주교에 대해 엄격했죠. 그러나 김대건은 굴하지 않고 중국의 신학교를 졸업하고 우리나라 최초로 신부가 되어 돌아왔어요. 하지만 관군에게 붙잡혀 새남터 성지에서 순교했고, 1925년 로마 교황에 의해 복자위에 올랐습니다.

14. 신사임당 (1504년~1551년)

강원도 강릉에서 태어난 신사임당은 어려서부터 글과 그림에 재주가 많았어요. 어렸을 적 이름은 인선이지만 중국 문왕의 어머니인 태임을 본받아 '사임당'이란 호를 지어 현재까지 '신사임당'으로 불리고 있답니다. 1522년 이원수와 결혼해 1536년 유명한 학자이자 정치가인 율곡 이이를 낳았지요. 신사임당은 부모님에 대한 효심 또한 아주 깊었던 것으로 전해지고 있어요. 신사임당은 1551년 병으로 세상을 떠나기까지 많은 시와 글씨, 그림 등을 남겼는데, 특히 신사임당의 그림은 너무나 생생해서 실제와 구분이 안 갈 정도였다고 전해지지요. 여성 예술가였을 뿐만 아니라 대학자 이이를 키워 낸 어머니로서도 신사임당은 현재까지 깊은 존경을 받는답니다.

15. 명성황후 (1851년~1895년)

경기도 여주에서 태어난 명성황후는 1866년 고종과 결혼해 황후가 되었어요. 당시 고종의 아버지 흥선대원군은 외척이 나라를 좌지우지하는 것을 경계해 어려서 부모를 잃고 외롭게 자란 명성황후를 고종의 짝으로 선택했어요. 그러나 명성황후는 생각이 깊고 주장이 뚜렷한 성격이라 시아버지였던 흥선대원군과 계속 맞서게 되었어요. 개혁을 반대했던 흥선대원군과 달리 개혁을 주장했던 명성황후는 청나라와 일본 사이에서 외교적 수완을 발휘했어요. 하지만 1895년 일본 자객에게 살해되고 말았답니다. 이것이 바로 '을미사변'이지요.

16. 정선 (1676년~1759년)

서울에서 태어난 정선은 어려서 아버지를 여의고 어머니 슬하에서 자랐어요. 그림을 그리는 데 남다른 재능을 보여 1721년에는 재주를 인정받아 벼슬에 올랐어요. 정선은 여러 고을의 현감을 지내는 동안 마음껏 그림을 그릴 수 있었기 때문에 많은 작품을 남겼어요. 당시 화가들은 중국의 산수화를 그대로 따라 그리는 일이 많았는데 정선은 우리나라의 아름다운 자연을 화폭에 담으려 노력했고 실제로 눈에 보이는 자연을 그대로 그리는 '진경산수화'를 만들어 냈답니다. 정선의 대작으로는 우리에게 널리 알려진 '인왕제색도'와 '금강전도'가 있어요.

17. 김구 (1876년~1949년)

황해도 해주에서 태어난 김구의 어렸을 적 이름은 '창암'으로 어려서 굉장한 개구쟁이였다고 해요. 1894년에는 동학농민운동을 지휘했지만 실패로 끝나고 말았죠. 그러나 늘 강직하고 불의에 타협하지 않으려는 성격의 김구는 일본에게 나라를 잃고 헤매는 백성들을 모른 척 할 수 없었어요. 1911년 일본 총독을 암살하려다 붙잡혀 17년 형을 선고받고 감옥에서 생활하다 가석방으로 풀려난 김구는 1919년 대한민국 임시정부에 들어갔고 경무국장의 자리까지 오르며 나라의 독립을 위해 애썼답니다. 후에 한인애국단이라는 비밀단체를 만들어 이봉창, 윤봉길 등 많은 독립운동가들을 배출했고, 광복군을 이끌며 활동했어요. 1945년 광복을 맞은 뒤 조국의 분단을 막기 위해 노력했지만 1949년 안두희가 쏜 총에 맞아 세상을 떠났어요.

18. 유관순 (1904년~1920년)

충청남도 천안군에서 태어난 유관순은 1916년 이화학당에 들어갔어요. 늘 나라를 사랑하는 마음이 깊었던 유관순은 나라의 독립을 위해 고심하다 1919년 3월 1일 독립만세운동에 참여하게 되었지요. 이후 아우내 장터에서 만세운동을 이끌다 일본인 헌병들에게 붙잡혀 혹독한 고문을 받았어요. 결국 일본의 모진 고문에도 굴하지 않던 유관순은 어린 나이에 눈을 감고 말았답니다. 마지막까지 나라를 사랑하고 지키고자 했던 어린 유관순은 어느 어른 못지않은 기개로 독립운동을 한 위인이지요.

19. 안익태 (1906년~1965년)

평양에서 태어난 안익태는 어려서부터 음악적 재능이 남달랐어요. 1911년 음악

수업을 받기 시작해 그 뒤로 바이올린, 트럼펫, 첼로 등의 여러 악기들을 배웠지요. 안익태는 1919년 3·1운동에 연루되어 학교에서 퇴학당한 뒤 일본의 대학에 특기생으로 입학했어요. 그 뒤로 미국, 오스트리아 등으로 다니며 연주자 및 작곡가, 지휘자로 활동했답니다. 그리고 나라를 빼앗긴 우리나라 국민들의 마음을 어루만질 국가가 없는 것을 안타까워하던 중 1936년 지금의 애국가의 바탕인 '한국환상곡'을 작곡했어요. 일본의 압제 속에서도 나라를 지키려는 안익태의 애국심이 담겨 있는 곡이 바로 '애국가'랍니다.

20. 김대중 (1924년~2009년)

전라남도 신안에서 태어난 김대중은 바다를 사랑하는 소년이었고, 매우 총명해 학업 성적이 우수했어요. 청년 시절에는 해운업 사업가로 명성을 쌓았고, 정치 활동에도 많은 관심을 보였지요. 당시 부패해 있던 정치를 바로잡고자 많은 노력을 하다 감옥에 갇히고, 납치를 당하고, 사형 선고를 받는 등 여러 번의 죽을 고비를 넘겼어요. 세 번이나 대통령 선거에 낙선했지만 네 번째 출마해 1997년 제15대 대한민국 대통령선거에서 대통령에 당선되었지요. 대통령 재임 기간 동안 북한과의 우호적인 관계를 추진한 햇볕정책으로 주목받았고, 2000년 6월 15일 남북회담을 성공시켜 전 세계의 주목을 받았답니다. 2000년에는 햇볕정책과 오랜 민주화 운동을 위해 노력한 점을 높이 평가받아 우리나라 역사상 최초로 노벨평화상을 수상했어요.